Böckmann • Sinn und Selbst

WALTER BÖCKMANN

SINN UND SELBST

Wege zur Selbst-Erkenntnis

PSYCHOLOGIE HEUTE
Sachbuch

verlegt bei Beltz

CIP – Titelaufnahme der Deutschen Bibliothek

Böckmann, Walter:
Sinn und Selbst: Wege zur Selbst-Erkenntnis/
Walter Böckmann. – Weinheim ; Basel : Beltz, 1989
(Psychologie heute : Sachbuch)
ISBN 3-407-85094-8

verlegt bei Beltz • Weinheim und Basel
Herstellung: Jürgen Reverey
Satz: Satz & Reprotechnik GmbH, 6944 Hemsbach
Druck: Druckhaus Beltz, 6944 Hemsbach
Buchbinder: Verlagsbuchbinderei Georg Kränkl,
6184 Heppenheim
Umschlaggestaltung und -foto: Peter J. Kahrl, Neustadt/Wied
Printed in Germany

ISBN 3 407 85094 8

INHALT

I
SINN UND SYSTEM
11

Sinn zwischen Angebot und Nachfrage
13
Der Mensch auf der Suche nach Sinn
17
Denkmodell »System«
19
Systeme sind auf Sinn angelegt
22

II
SINN UND EVOLUTION
27

Vom Sinn der Evolution
29
Das anthropische Prinzip: Weichenstellung »Mensch«
42
Die biologische Evolution und der Sinn
49
Die psychisch-geistige Evolution:
Der Mensch und das Bewußtsein
57
Die organismische Evolution: Technik als
erweiterte Leiblichkeit
67

III
KULTUR ALS SINN-AUSDRUCK
79

Die kulturelle Evolution
81
Sinn: Grundbegriff des Gesellschaftlichen
89
Universalien und Gesellschaftsbewußtsein
99

IV
SINN UND ARBEIT
109

Arbeit als anthropologisches Prinzip
111
Führung als Sinn-Vermittlung –
Pädagogik als Menschenführung
124

V
SINN UND HEIL(EN)
131

Vom Heil zum Heilen
133
Heilheit – Ganzheit – Gesundheit
139

VI
SINN UND SELBST
153

Vom Wesen des Sinnhaften
155
Identität: Die Begegnung mit dem individuell Sinnhaften
Das »psychisch-geistige« System als Denkmodell
161
Stufung der Bewußtheiten als Stufenweg zur Selbsterkenntnis
168

Anhang
175

Zur »Logotherapie« Viktor E. Frankls
177
Anmerkungen und Quellenhinweise
189
Literatur
212
Personen- und Sachregister
217

Zuvor

Nach Werner Heisenberg beschreiben wir nicht die Natur, wie sie ist, wenn wir sie einer wissenschaftlichen Beobachtung unterziehen, sondern den *Vorgang* der Beobachtung und damit die *Wechselwirkung,* die in diesem Vorgang liegt.

Nicht anders ist es, wenn wir den SINN in den vielfältigen Bereichen der Natur, deren Teil wir sind, zu beschreiben versuchen: Auch dabei erfassen wir weder etwas Objektives noch etwas Subjektives, sondern die *Beziehung,* die zwischen dem sinn-suchenden Menschen und den Herausforderungen der Realität besteht.

Wir könnten Natur nicht »verstehen«, wenn wir selbst nicht Natur wären, und wir könnten nicht Sinn in den Beziehungen zu unserer Um-Welt entdecken, wenn diese Welt – und damit auch wir selbst – nicht sinnhaft angelegt wären. Daß uns »letzte« Sinnhaftigkeit verborgen bleibt, sollte uns nicht davon abhalten, auf diese Sinnhaftigkeit zu vertrauen wie wir auch nicht aufhören werden, unser Leben mit technischen Mitteln zu bewältigen, obwohl uns bei der physikalischen Erklärung dieser Welt gleichfalls nur Hypothesen über »letzte« Dinge bleiben.

Auf Sinn zu bauen und auf Sinn zu vertrauen ist deshalb weder Idealismus noch Optimismus, sondern ganz selbstverständlicher *Realismus;* denn in nichts erkennen wir uns selbst so deutlich, wie in den vielfältigen Erscheinungen, in denen uns der Sinn in dieser Welt gegenübertritt. Aber zu jedem Realismus hat immer auch ein bißchen Mut gehört, denn die Realität hält keine Nischen für uns bereit, in denen wir uns vor ihr verstecken könnten.

I
Sinn und System

Sinn zwischen Angebot und Nachfrage

Sinn« ist heute zu einem der meistzitierten Begriffe geworden. Kaum eine Veröffentlichung in Wort oder Schrift, die sich den allfälligen Hinweis auf den »Sinn« entgehen ließe, den es wieder zu erfüllen gelte.

Nur derjenige, der keine Sinn-Probleme kennt, hat auch keine Veranlassung, darüber zu reden. Wer denkt schon ständig daran, daß er in einem Luft-Meer lebt. Erst wenn einem die Kehle zugedrückt wird, merkt man, was man am dringendsten braucht: Luft!

Brauchen wir heute »Sinn«?

Dabei fehlt es – wie eh und je – auch heute nicht an Sinn-Angeboten, nur hat dieser »Markt« erhebliche Veränderungen erfahren. Vor allem die traditionellen Anbieter wie Kirche und Staat haben Kursverluste hinnehmen müssen, und auch in der Arbeitswelt fällt es den Produktionsbeflissenen wie den mehr im Verteilungskampf Stehenden immer schwerer, Marktanteile zu behaupten. Der Trend geht zu den kleinen Anbietern, die man früher eher der Grauzone – wenn nicht gar dem Schwarzmarkt – zugerechnet hätte. Rucksackfabrikanten der Ideologie und self-made-men des Lebensglücks beherrschen mit nicht minder extremen Angeboten als die früheren Großanbieter die Szene, und wo man ehedem im Zeichen des Kreuzes, des kirchlichen wie des Eisernen wie des Hakenkreuzes »süß und ehrenvoll« bereit zu sein hatte, für das jeweilige Idol auch zu sterben, begibt man sich heute risikolos auf einen meditativen Jenseitstrip, schaut mal per Drugs kurz rein, was in einem der früheren Leben angelegen hat, oder bereitet sich gleich auf die Wiedergeburt vor. Die Tatsache, daß die Erfinder der Wiedergeburtslehre darauf aus waren, gerade *nicht* wiedergeboren zu werden, schreckt dabei nicht, nimmt man sich ohnehin von allem doch nur das, was einem gerade ins noch ungewisse Konzept paßt.

Der häufig ebenso lapidar wie ungenau zitierte Satz »Das Sein bestimmt das Bewußtsein« (bei Marx war das noch ein dialektisches gegenseitiges Beeinflussen von Sein und Bewußtsein), wird heute gern bequemer umpostuliert: »Das Bewußtsein bestimmt das Sein«. So könnte man – gegenüber der früheren spöttischen Feststellung »Die Welt als Wille ohne Vorstellung«, mit der man Weltfremdheit zu persiflieren pflegte –, heute richtiger sagen: »Die Welt als Vorstellung ... ohne Willen«.

Der Philosoph Peter Sloterdijk ist der Meinung, »die Aufklärung habe ihr wesentlichstes Versprechen, ein angstfreies Leben zu ermöglichen, eklatant gebrochen«, und »die Angst habe sich modernisiert«. Das Mißverständnis der Aufklärung war es offenbar, Angst mit Risiko zu verwechseln. Aber weder das Risiko als Ursache noch die Angst als Folge lassen sich aus dem Leben wegdiskutieren. Und wäre ein Leben ohne Risiko – ja wäre ein Leben ohne *Angst* – nicht sinnlos? Das klingt absurd, aber wir werden uns diese Frage vorlegen und dabei die für manchen erstaunliche Feststellung treffen müssen, daß Risiko, Angst und Tod das Leben zwar nicht wertvoll, aber überhaupt erst sinnvoll machen.

Versuchen wir, der Frage nach dem Sinn näherzukommen. Daß Sinn sich nicht verordnen läßt, hat sich zu allen Zeiten erwiesen.

Obwohl es, wie gesagt, nie an Sinn-Möglichkeiten und – vor allem bei den traditionellen Angeboten auch nie an dem nötigen Nachdruck – fehlte, sie wahrzunehmen, hat es dazu immer erst einer individuellen Sinn-Entscheidung bedurft. Das wird gerade heute deutlich, wo solche Entscheidungen offenbar einen intimeren Charakter haben als früher, als man seine Bekenntnisse vielfach öffentlich ablegte: durch Teilnahme an den ritualisierten kirchlichen, staatlichen oder gesellschaftlichen Veranstaltungen mit Ansprache, Gebet, Abendmahl, Eid, Bekenntnis, Hymne, Lied.

Ritus hat stets für nicht wenige bedeutet: »Mitmachen zu können ohne nachdenken zu müssen«. Derzeit orientiert man sich weniger traditionell, und man wählt individueller und eklektizistischer. Traditionelles, das sich fundamentalistisch gibt, hat dagegen schon wieder eine exotische Note und bezieht von dorther seine Wirkung.

Auf der Suche nach der neuen Ganzheit begegnet man oft nur der neuen Unüberschaubarkeit des Ganzen.

Jeglicher Sinn-Erfüllung geht eine Entscheidung für diejenigen Werte voraus, deren Verwirklichung für den Betreffenden Sinn-Erfüllung bedeutet. Sinn-Erfüllung ist die *Folge* von Werte-Verwirklichung (Frankl).

Uns geht es hier um ein Sinn-Verständnis, von dem aus mit großer innerer Sicherheit Werte-Entscheidungen getroffen werden können, die dem Selbst-Verständnis des einzelnen ohne Anlehnung an gesellschaftliche Konventionen – aber auch nicht unbedingt gegen sie – entsprechen. So wie die Entscheidung für das, was der einzelne zu seiner Sinn-Erfüllung an Werten verwirklicht, von einem sicheren Gefühl für das persönlich als sinnhaft Erkannte geliefert werden sollte, so ist sein Sinn-Verständnis auf sein ebenso sicheres Selbst-Verständnis angewiesen. Beide sind unauflösbar miteinander verbunden, aber sie sind nicht identisch. Während das Sinn-Verständnis auf das Bewußtsein abzielt, in einem größeren, übergeordneten Zusammenhang eingebettet zu sein, wird das Selbst-Verständnis von diesem Bewußtsein zwar bestimmt, aber nicht bedingt – geprägt, aber nicht verursacht. Man merkt es einem Menschen an, wie es um die »Begründung« seines Sinn-Verständnisses steht, ob er sich auf schwankendem Boden befindet oder festen Grund unter sich hat.

Die Frage nach dem Sinn greift weit aus. Sie ist im Grunde genommen die Frage nach dem Dasein – nicht nur des einzelnen, seiner individuellen Existenz, sondern nach dem Dasein und Gerade-so-Sein des Lebens und des Kosmos überhaupt. Mit dem letztgenannten Aspekt werden wir uns vor allem in unserem zweiten Abschnitt befassen, während es im folgenden um die individuellen Gesichtspunkte gehen soll, die nicht minder Fragen aufgeben.

Der Mensch auf der Suche nach Sinn

Sinn ist ein zunächst leerer Begriff, der erst mit Inhalt erfüllt werden muß. Wir sprechen von Trübsinn, Frohsinn, Unsinn, Blödsinn u.a.m., geben also jedem »-sinn« erst seine eigentliche Bedeutung. In ebendiesem Sinne muß jeder für sich nicht nur eine, sondern *seine* Sinn-Entscheidung treffen, also nach der ganz persönlichen Bedeutung dessen fragen, was ihm in jeder Lebenssituation »zu Gebote« steht. In der Tat: Jeder einzelne ist jeden Tag aufs neue aufgerufen, auf das Sinn-Angebot des Tages ein »Gebot abzugeben«. Jede Situation hält eine solche Herausforderung bereit, in jeder liegt eine Sinn-Möglichkeit, die es zu entdecken und anzunehmen oder zu verwerfen gilt. Aber um sie zu erkennen, muß man ihren Code verstehen.

Fällt es manchem schon schwer, die Möglichkeiten zu erkennen, so wird es ihm noch schwerer fallen, das für ihn ganz persönlich Zutreffende wahrzunehmen, denn das setzt Selbsterkenntnis voraus. In dieser Wahrnehmung aber liegt »seine Wahrheit« – etymologisch, also in der Weisheit der Sprache ausgedrückt: »das, was einem zukommt«. So wie jedes Lebewesen von den Reizen seiner Um- und Innenwelt nur das Überlebenswichtige wahrnimmt – Wahrnehmung also immer schon Auswahl und somit Reduktion von Komplexität ist – so nimmt auch jeder einzelne nur das wahr, »was ihm zukommt«, mit anderen Worten: das, was ihm entspricht. Da für den Menschen jedoch nicht mehr das »Gedächtnis der Art«, der Instinkt, die Entscheidungen trifft, sondern ihn gerade die Tatsache auszeichnet, daß er die Freiheit hat, in seinem Leben die Entscheidungen selbst zu treffen, muß er sich auch zu seinen

Sinn-Entscheidungen bekennen, denn: »Menschliches Sein ist entscheidendes Sein«, wie Karl Jaspers es einmal gesagt hat.

Aber da ist für manchen noch immer die Frage nach dem Orientierungsmaßstab offen, wobei sich mancherlei Widersprüchliches ergibt: Die vielzitierte Ganzheit erweist sich als ebensowenig überschaubar wie die undurchsichtige Vielfalt der Lebenserscheinungen, mit denen man bisher rechnen zu müssen glaubte; die »totale Vernetzung«, die seltsamerweise mehr Sicherheit zu suggerieren scheint als die einfachen, aber höchst bedrohlich erscheinenden Ursache-Wirkungs-Beziehungen, von denen man bisher ausging, macht einem nun erst recht die eigene Ohnmacht deutlich – muß man doch nun mit einer Vielzahl unbekannter Folgeerscheinungen rechnen. Manch einer scheut sich nicht, eine Weltreligion zu fordern, ja er sieht sie geradezu schon voraus, dabei nehmen aber gerade jetzt die Glaubensrichtungen, Kirchen und Sekten eher zu als ab.

Bei alledem geht ein Begriff um, der dem Sprachgebrauch bereits so gängige Vokabeln geliefert hat wie »Struktur« und »Funktion« und der geeignet erscheint, eine Fülle von Welträtseln – wenn auch nicht zu lösen – so aber doch anschaulicher zu machen: der Begriff »System«. Auch für uns ist er sehr wichtig, steht er doch in ganz besonders engen Beziehungen zum Sinn-Problem, wie wir gleich sehen werden.

Denkmodell »System«

Systeme sind Paradebeispiele der Abstraktion, aber eben doch vor dem Hintergrund der Wirklichkeit konstruiert. Weil sich bestimmte Bereiche in unserer Umwelt in einer Weise verhalten, die uns typische Zusammenhänge offenbart, nennen wir einen solchen Zusammenhang »ein System«.

Hier müssen wir aufmerken: Nicht das, *was* wir da als Objekte vor uns sehen, *ist* ein System, sondern – um ganz genau zu sein: *der Zusammenhang,* die Beziehung der Dinge untereinander, entspricht unserem Denkmodell. Dieses erlaubt uns, in unterschiedlichen Bereichen unserer Umwelt »Systeme« zu registrieren, zum Beispiel in der Biologie von der einzelnen Zelle bis zum kompletten Organismus, sowie in menschlich-sozialen, technischen, physikalischen, geologischen oder astronomischen Bereichen, man denke nur an Begriffe wie Regierungssystem, Steuerungssystem, Flußsystem, Sonnensystem usw.

Das Typische einer systemischen Konfiguration besteht erstens darin, daß seine Teile untereinander verschieden sind (ein Sack Erbsen könnte demnach, selbst andere Systemeigenschaften vorausgesetzt, niemals ein System bilden); zweitens sind diese Teile in einer bestimmten Weise zueinander *geordnet,* was sie, drittens, in ebenfalls typischer und nicht beliebiger Weise aufeinander *einwirken* läßt. Diese systemtypische Ordnung nennen wir »Struktur« und das typische Aufeinandereinwirken »Funktion«. Gegenüber der Umwelt ist ein System – viertes Kriterium – abgegrenzt, so daß man klar zwischen System und Umwelt unterscheiden kann, und auch sonst lassen sich innerhalb eines Systems typische Bereiche erkennen, für die sich in unterschiedlichsten Systemen deutliche Entsprechungen finden lassen:

In einem technischen System, etwa einer Dampfmaschine, entspricht der Regler, der die Energiezufuhr je nach erreichtem Dampfdruck steuert (ähnlich dem Thermostat einer Warmwasserheizung), den Rezeptoren des biologischen Systems, also bestimmten Nerven, die der Aufnahme und Weiterleitung von Außenreizen dienen.

Alle Systeme verzeichnen einen Energie- bzw. Materialinput, ferner einen »Operator«-Teil, in dem eine bestimmte Arbeit geleistet wird, sowie als Output einen Bereich, der das Arbeitsergebnis an die Umwelt abgibt. Wir werden im folgenden gleich sehen, daß diese Beschreibung eigentlich viel zu gegenständlich geraten ist, weil bei einigen System-Typen bezüglich der »Arbeit« gar nicht von einer Umsetzung von Materialien gesprochen werden kann.

Schauen wir uns einige Systeme näher an, so werden wir unschwer solche analogen Bereiche erkennen. Die biologische Zelle zum Beispiel ist von einer Zellhaut umgeben wie ein beliebiges technisches System von seiner äußersten materiellen Begrenzung oder ein Haus durch seine Wände. Bei der GESELLSCHAFT der Bundesrepublik Deutschland als sozialem System würden wir bezüglich ihrer Grenzen auf die international anerkannten Staatsgrenzen tippen, aber da wären wir schon auf dem Holzwege: Das soziale System der Gesellschaft der Bundesrepublik reicht so weit wie es Vertreter ihres Gesellschaftsbewußtseins gibt, ganz gleich, ob diese sich als Touristen am Nordkap, als Seeleute am Kap Horn, als Diplomaten in Kapstadt oder als Ärzte auf der »Kap Anamur« in Südostasien befinden. Dasselbe gälte übrigens auch für den Gelsenkirchner Gesangverein »Liedertafel« (sofern es in Gelsenkirchen so etwas gibt); sollten sich einige seiner Angehörigen gerade in Australien zu einer Musiktournee aufhalten, reichte das System »Liedertafel« zu dieser Zeit bis nach Australien – aber nur, wenn jene sich dort in Sachen »Liedertafel« und nicht »rein privat« befinden. Demgegenüber reichte das soziale System STAAT Bundesrepublik Deutschland so weit wie auch die staats*rechtliche* Wirkung der Bundesrepublik reicht, also bis zu irgendeinem deutschen Konsul im brasilianischen Urwald, auf ein deutsches Schiff oder ein deutsches Flugzeug.

Systeme sind keine wie auch immer zusammengefügten Gegenstände, sondern Beziehungen, »Wirkungsgefüge«. Wenn wir Strukturen in verschiedenen Systemen vergleichen, dann gehen wir zwar von bestimmten Teilen aus und setzen diese miteinander in Beziehung – zum Beispiel die Mitochondrien der Körperzelle mit der Kraftstation einer industriellen Fertigungsanlage, die DNA des Zellkerns mit der Daten- und Steuerzentrale und die Zellmembran mit der Betriebsgrenze, aber wir verstehen unter »Struktur« nicht die Teile, sondern die ORDNUNG, in der sie zueinander stehen. Bei der Funktion eines Systems ist es die WIRKUNGSWEISE, die auf das Erreichen der verschiedenen Zwecke innerhalb des Systems abzielt.

Grundsätzlich unterscheiden wir die inner-systemischen Abläufe und den Output des Systems an die Umwelt. Nehmen wir den menschlichen Organismus als biologisches System, so erfüllen die einzelnen Organe innersystemisch unterschiedliche Zwecke: der Magen/Darmtrakt sorgt für die Verarbeitung der aufgenommenen Speisen, der Blutkreislauf für den Transport wichtiger Substanzen, und das Nervensystem steuert den Gesamtorganismus.

Nun können wir aber auch den Magen/Darmtrakt, den Blutkreislauf, das Nervensystem, das Immunsystem u.a. als Untersysteme des Gesamtsystems »Organismus« betrachten. Dann erfüllen diese Unter- oder Subsysteme jedes für sich einen Zweck, der Voraussetzung dafür ist, daß wiederum das Gesamtsystem gegenüber seiner Umwelt seine Dienstleistung erbringen kann.

Systeme sind auf Sinn angelegt

Was wäre jetzt der SINN des Systems »Organismus«? Im obengenannten Fall hatten wir ihn allgemein als Dienstleistung charakterisiert. Das trifft nun auch auf jede beliebige Form von System zu: Im Fall des technisch-sozialen Systems »Automobilwerk« bestünde die Dienstleistung gegenüber dem übergeordneten System »Wirtschaft« im Zurverfügungstellen von Verkehrsmitteln; bei der Post: in der Ermöglichung von Kommunikation; bei der Bundeswehr: in der Gewährleistung von äußerer Sicherheit; beim Rechtssystem »Justiz«: in der Aufrechterhaltung der gesetzlichen Ordnung und beim Theater: in der Verbreitung von Kulturgut und so weiter. Demgegenüber müssen *in* den diversen Subsystemen vielfältige Zwecke erfüllt werden: Hier wird geschmiedet und gepreßt, lackiert und verkauft, dort transportiert, telefoniert, abgerechnet, ausgebildet, gedrillt und geübt, Recht gesprochen, eingesperrt, geprobt und aufgeführt... Aus der Sicht der jeweiligen Gesamtsysteme erfüllen die Subsysteme ZWECKE, damit das Gesamtsystem gegenüber der Umwelt seinen SINN erfüllen kann: DIENSTLEISTUNG. *Der Zweck ist also das Mittel zum Sinn.*

Der Sinn ist aber nur erfüllt, wenn die Umwelt die jeweilige Dienstleistung auch honoriert, in den meisten Fällen heißt das: auch bezahlt. Werden die Briefmarken so teuer, daß sich schon wieder Brieftauben lohnen, muß die Post auf die Subventionsliste, auf der die Bundesbahn schon seit langem steht, weil die Leute lieber Auto fahren; wenn die Russen nicht mehr unsere Feinde sind und der Rest der Welt ohnehin immer unsere Freunde waren, wird die Dienstleistung der Bundeswehr überflüssig; wenn eine Automobilfirma, wie seinerzeit Borgward in Bremen, mehr unterschiedliche Typen auf den Markt bringt als der Markt verkraften kann, der Chef aber als begeisterter Konstrukteur den Zweck – eben das Entwickeln und Bauen von Kraftfahrzeugen – zum Selbstzweck macht und nicht mehr darauf achtet, daß der Markt seine Dienstleistung auch honoriert, dann verliert ein solches Unternehmen seinen SINN. Es mag betriebsintern noch so zweckmäßig organisiert sein: der Zweck ist immer nur das Mittel zum Sinn, und *die Sinn-Erfüllung entscheidet allein über das Fortbestehen* eines Unternehmens, einer Organisation, einer Institution, eines Organismus, eines Organs.

Ein System stirbt also ab, wenn seine Dienstleistung von der Umwelt nicht mehr angenommen wird, es geht aber auch dann ein, wenn die system-internen Zwecke nicht mehr erfüllt werden, das heißt, wenn eines oder mehrere der Subsysteme nicht mehr funktionieren. Mitunter tritt beim Ausfall eines Subsystems ein anderes an dessen Stelle – im Gehirn kennen wir zum Beispiel das Vikariieren, wenn eine intakte Zellformation an die Stelle einer beschädigten tritt; andere Systembereiche oder Teile »machen Überstunden«: die übriggebliebene Niere arbeitet nun für zwei und der auf ein Drittel verkürzte Magen muß die dreifache Arbeit leisten – wie das Personal einer Abteilung, das in der Urlaubszeit die Fehlenden vertreten muß. Stets geht es darum, daß das jeweilige Aggregat seinen Sinn erfüllt, das heißt, gegenüber dem Hauptsystem seine Dienstleistung erbringt.

Aus der Sicht des Denkmodells »System« sieht die Welt aus wie die bekannte russische Puppe in der Puppe: Jedes System ist Subsystem eines übergeordneten Systems – vom Atom zum Molekül und Organ bis zum Organismus und zu der Vielzahl der pflanzlichen, tierischen und menschlichen sozialen Systeme, bis in die Welt der großen astronomisch-physikalischen Systeme (siehe Seite 197ff.). Es ist ein großer Sinn-Zusammenhang mit aufeinander angewiesenen sinnvoll strukturierten Teilbereichen.

Technische Systeme erweisen sich dabei als erweiterte Leiblichkeit des Menschen, als nicht angeborene Werkzeuge oder

Waffen. *Technik ist also kein Gegensatz zur Natur, sondern ist Teil der Natur.* Schon Tiere bedienen sich einfacher Werkzeuge. Der Spechtfink benutzt den Stachel eines Kaktus wie der Specht seinen Schnabel, mit dem er Insekten aus der Rinde eines Baumes hackt; der Otter zerschlägt mit einem Stein Muscheln; die Pavianhorde bewaffnet sich bei der Abwehr größerer Feinde mit Knüppeln, und der Mensch hat es bei der Entwicklung technischer Waffen und Werkzeuge besonders weit gebracht, von den ursprünglichen Handwerkzeugen und später den Fußwerkzeugen, den »Fahr«zeugen, bis zu den heutigen Kopf- und damit Denkwerkzeugen.

Technische Systeme sind also Subsysteme des menschlichen Organismus, wobei wir unter technischen Systemen allerdings nicht jedes beliebige Werkzeug, sondern immer nur »geregelte« Systeme verstehen. Auch sie werden nur solange genutzt, wie sie ihren Sinn erfüllen (siehe Abschnitt II).

Das Denken in Systemen und somit in Zusammenhängen hat uns aber auch für das Prinzip der Vernetzung aufgeschlossen. Vernetzung heißt »nicht nur unmittelbare, sondern auch mittelbare Verursachung, für eine Wirkung möglicherweise mehrere Ursachen und für eine Ursache möglicherweise mehrere Wirkungen« und damit auch »nicht mehr überschaubare Verursachung«. Die Erkenntnis, daß sehr viel mehr aufeinander einwirkt, als man sich dies bei einem ausschließlich unmittelbaren Wirkungsdenken vorstellen kann, verleiht auch dem Sinn-Prinzip der Dienstleistung eine besondere Bedeutung. Positive Dienstleistungen, lebenserhaltende, die individuelle wie die soziale Entwicklung fördernde Handlungen, fordern weitere ähnliche Aktivitäten heraus: Jede Art von Einwirkung auf dieses System von Systemen bewirkt Reaktionen – meist als Herausforderung zum Wettbewerb, in der Wirtschaft, in der Politik, in der Wissenschaft... Das setzt voraus, daß es sich um »offene« Systeme mit positiver Rückkoppelung handelt: Unser Wirtschaftsprinzip beruht auf Wachstum, alle Unternehmen streben nach Ausweitung ihrer Aktivitäten, jeder Organismus entwickelt sich bis an seine natürlichen Grenzen, und wenn die Möglichkeiten in einem Angebotsbereich ausgereizt sind, dann wird diversifiziert: der Konditor macht ein Café auf; der

Fahrradhändler verkauft Videofilme; wo es früher nur Lebensmittel gab, findet man heute auch Zeitschriften und Strümpfe, und die großen Konzerne gleichen überhaupt nur noch Gemischtwarenhandlungen vom Puddingpulver bis zur Schifffahrtslinie, von der Bank bis zur Bierbrauerei. Das ist die Zwangsläufigkeit auf Wachstum angelegter Systeme mit positiver Rückkoppelung: »Je mehr er hat, je mehr er will!«

Im geschlossenen System einer stets auf 18 Grad (negativ rückgekoppelten) Warmwasserheizung ist es dagegen immer 18 Grad warm, da ändert sich nichts, ebensowenig wie auch in dem geschlossenen System einer politisch-ideologischen Gesellschaft. Wenn dann einmal jemand kommt, der die Fenster aufreißt, trifft er sofort auf den »geschlossenen« Widerstand derjenigen, die bislang von der Geschlossenheit profitiert und mit der neuen Offenheit nichts »im Sinn« haben.

Denn überall diktiert der Sinn.
Überall geht es um die Frage, ob die Dienstleistung auch ankommt – im guten wie im bösen. Sinn hat nichts mit Ethik und Moral zu tun. Sinn ist kein Synonym für das Gute in der Welt. Sinn hat die Mafia ebenso»gut« wie das Rote Kreuz. Auch das Drogenangebot der Mafia kommt an, Hehlerware findet ihre Abnehmer, und die Apartheid ist für ihre Anhänger genauso sinnvoll wie für ihre Gegner der Widerstand.

Welchen Sinn überhaupt das Böse in der Welt hat, und ob die Wertfreiheit des Systemdenkens nicht dessen große Schwäche ist, das soll uns später noch beschäftigen. Fürs erste halten wir einmal fest:

Alle Systeme sind auf Sinn eingestellt, und dieser Sinn heißt DIENSTLEISTUNG gegenüber der Umwelt – und nicht zuletzt in dieser Erkenntnis liegt eine der Orientierungen, die das Systemdenken zu bieten hat. Wenn dies, wie wir gesehen haben, auch gegenüber jener Umwelt gilt, die wir Unterwelt nennen, so bedeutet das lediglich, daß der einzelne hier noch eine weitere Entscheidung treffen muß: eine moralische. Sinn schließt Moral keineswegs aus, aber Sinn liefert keine Moral. Auch über das, was moralisch sinnvoll ist, muß der einzelne eine Werte-Entscheidung treffen.

Das Denken in Systemen ist ein Denken in Modellen. Modelle sind nicht etwa »die Welt im kleinen«, sondern Ausschnitte der Welt, Reduktion von Komplexität, Veranschaulichung. System-Denken heißt u. a., die Wirklichkeit »auf den Punkt« bringen. *Einer dieser Punkte, vielleicht der wichtigste, ist der Sinn.*

II
Sinn und Evolution

Vom Sinn der Evolution

Es mutet zunächst vielleicht etwas fragwürdig an, über den Sinn der Evolution etwas aussagen zu wollen. Angesichts der Tatsache jedoch, daß nicht nur kleine Geister der Evolution – und damit auch dem Leben an sich – jeglichen Sinn abgesprochen haben, sollte man, wenn von Sinn überhaupt die Rede ist, dieser Frage nicht ausweichen.

Natürlich muß der Standort deutlich sein, von dem aus eine solche Aussage gemacht wird. Das bereitet jedoch insofern keine Schwierigkeiten, als nur zwei Möglichkeiten in Frage kommen: einmal die Sicht des Glaubens und zum anderen die Sicht der wissenschaftlichen Empirie.

Den Glauben sollten wir auch angesichts eines solchen naturwissenschaftlichen Problems nicht von vornherein für unzuständig erachten, ist er doch eine der Möglichkeiten, »Welt« zu erfahren, und wenn wir uns die so oft gestellte Frage vorlegen, was denn eigentlich den Menschen vom Tier unterscheide, dann ganz gewiß auch die Tatsache, daß der Mensch glauben und damit über sein bloßes Wahrnehmen hinaustreten kann.

Ehe wir jedoch auf den zweiten, den empirischen Gesichtspunkt näher eingehen, sollten wir uns mit der Auffassung eines der Wissenschaftler vertraut machen, die sich zur Sinn-Problematik am kompetentesten geäußert haben und Viktor Frankl dazu hören. Der heute weltweit anerkannte Begründer der Logotherapie – jener Form der Psychotherapie, die sich vor allem mit den Sinn-Problemen des modernen Menschen beschäftigt – geht von der Tatsache aus, daß über einen Gegenstand nie von derselben Erkenntnisebene, sondern immer nur von der nächsthöheren, der übergeordneten Dimension aus eine Aussage gemacht werden kann. Um feststellen zu können, ob ein kreisrunder Schatten von einer Kugel, einem zylindrischen Körper oder einer flachen Scheibe geworfen wird, muß der Betrachter selbst ein dreidimensionales Wesen sein, ein zweidimensionales, wenn es so etwas gäbe, wüßte nichts von einer dritten Dimension. Dasselbe gilt auch für Bewußtseinsprozesse. So wird der Rhesusaffe im medizinischen Labor nie begreifen, was ein Wissenschaftler mit ihm anstellt. Erst der Mensch auf einer höheren Stufe der Erkenntnis durchschaut und überschaut die entsprechenden Zusammenhänge. Um alle Sinnprobleme des Menschen erfassen zu können, müßte man ebenfalls einer höheren Seinsstufe als der Mensch angehören (sicher nicht der vierten, der Raum-Zeit-Dimension, von der die Physiker sprechen, sondern einer Dimension höherer Bewußtheit). So sagt auch Werner Heisenberg: »Wir erwarten nicht, daß etwa ein direkter Weg des Verständnisses von der Bewegung der Körper in Raum und Zeit zu den seelischen Vorgängen führen könnte, da wir auch in den exakten Naturwissenschaften gelernt haben, daß die Wirklichkeit für unser Denken zunächst in getrennte Schichten zerfällt, die erst in einem abstrakten Raum hinter den Phänomenen zusammenhängen.« Diese Dimension ist dem Menschen jedoch verschlossen, es sei denn, er nähert sich ihr aus der zuvor bereits erwähnten Sicht des Glaubens. Man muß nun aber außerhalb der Glaubenswelt auf jede Aussage verzichten. Bedeutet dies, daß der Sinn des Lebens und damit auch der Evolution entweder nur religiös interpretiert werden kann oder gar nicht und alle diejenigen, die keine Glaubenswahrheiten für sich in Anspruch nehmen, sich nur achselzuckend mit Sinnlosigkeit abzugeben hätten?

Gott, als ein Ausdruck dieser – dem Menschen erkenntnismäßig unzugänglichen – Dimension ist »letztlich und schlechthin undenkbar und unsagbar – er ist nur glaubbar«, sagt Frankl, und so haben auch die letzten Dinge nicht Sinn, sondern »Übersinn«; dieser jedoch bleibt der rationalen Wahrnehmung verschlossen. Nichtsdestoweniger erlaubt es die menschliche Einsicht, bestimmte Schlüsse zu ziehen: Der »Übersinn« – so

Frankl – »ist zwar unbeweisbar«, aber wenn das meiste nach unserer Erfahrung Sinn hat, »so ist denn der Glaube daran, daß alles Sinn hat, wahrscheinlich ebenfalls sinnvoll«.

Nun wollten wir ja hier keine Glaubensaussagen machen, sondern uns mehr an die Erfahrung halten. Aber auch dazu sagt Frankl: »Der Übersinn ist eines Beweises nicht nur nicht fähig, sondern auch nicht bedürftig, ihn zu beweisen ist nicht nur unmöglich, sondern auch unnötig. Denn wenn nichts Sinn hätte, müßte ich das irgendwie einsehen können; aber wenn alles Sinn hat, wenn überall Übersinn ist, muß ich das keineswegs einsehen können – ›alles‹ kann ich ja niemals überblicken. Mit anderen Worten: Die Sinnlosigkeit des Ganzen... müßte sehr wohl beweisbar sein; umgekehrt kann die Unbeweisbarkeit der totalen Sinnfülle noch lange keinen Gegenbeweis abgeben... Auf den Schultern des an einen Übersinn Glaubenden ruht nicht die Beweislast, sondern die Last der Unbeweisbarkeit...« Für Frankl ist der Glaube an einen Übersinn – also an den Sinn des »Ganzen« – in sich schon SINN.

Nun maßen wir uns hier keineswegs an, über den Sinn des Lebens oder der Evolution in der Weise ein Urteil abzugeben, wie dieser Sinn im einzelnen und konkret zu definieren sei. Dazu müßten wir in der Tat einer dem menschlichen Bewußtsein übergeordneten Dimension angehören. Aber wir schließen uns zum einen der Auffassung Frankls an, daß nach allen sinnvollen Erfahrungen, die uns das Leben vermittelt, an dem »Übersinn« des Ganzen nicht zu zweifeln sei. Zum anderen sind wir sehr wohl in der Lage, der Evolution zumindest soweit in die Karten zu gucken, daß wir aus den *Tendenzen* ihres Ablaufs für unser persönliches Leben – wie aber auch für das Leben im allgemeinen – verbindliche sinnvolle Schlüsse ziehen können. Dabei ist es unwichtig zu wissen, wie es um die Anfangsphase dieses Kosmos und um die Entstehung des Lebens bestellt gewesen ist, genausowenig wie wir über eine mögliche Endphase informiert zu sein brauchen. Hängen wir der Urknall-Hypothese an, so bleibt immer noch die Frage offen, was vorher gewesen ist und was da so plötzlich »geknallt« habe. Sind wir der Meinung, daß der Kosmos »eines

Tages« implodiere, so sind wir auch nicht viel weiter, ganz abgesehen davon, daß man sich vorstellen kann, daß dann vermutlich auf den nächsten Urknall »nicht lange« gewartet zu werden braucht und sich das Ganze wiederholt... Für den Astrophysiker sind das ernstzunehmende Probleme, für unsere Sinn-Frage nicht.

Immerhin stehen wir angesichts der Evolution vor buchstäblich atemberaubenden Erscheinungen. Das Weltall weist eine Vielzahl von »Stoffen« auf, gleichbedeutend mit Aggregatzuständen von Energie, die dahin tendieren, unter bestimmten Bedingungen vielfältigere und vielschichtigere (komplexere) Verbindungen einzugehen. (Eine Modellvorstellung solcher Verbindungen haben wir zuvor als »System« diskutiert.) Etwa 15–20 Milliarden Jahre nach dem Urknall entsteht unsere Erde aufgrund ebendieser Tendenz nach zunehmender Komplexität. Nur ein Fünftel dieser Zeit später nehmen bestimmte Bereiche der Materie einen Zustand an – wir nennen ihn Leben –, aus dem heraus sie neue Formen hervorbringen und nicht nur erhalten, sondern vielfältig weiterentwickeln. Damit wird die Zunahme an Komplexität, die bis dahin Milliarden von Jahren gedauert hat, dramatisch forciert: in etwa 2 Milliarden Jahren entstehen etwa 500 Millionen verschiedener Lebensformen, also Tier- und Pflanzen-Arten, den Menschen eingeschlossen. Während 99,9 Prozent dieser Zeit begnügt sich das Leben mit einer »automatischen Steuerung«, indem es die Anpassungsreaktionen der verschiedenen Arten in einem jeweils artspezifischen »Gedächtnis« speichert und von daher alle weiteren Reaktionen im voraus festlegt: Was sich als erfolgreich erwiesen hat, wird nun als Reaktionsmuster in das »Gedächtnis der Art« – wir nennen es »Instinkt« – übernommen. Die Biologie veranschlagt etwa 1 Million Jahre, bis eine besondere Verhaltensweise Eingang in die Erbmasse der Spezies gefunden hat.

Seit seiner Entstehung hat das Leben alle Räume unter, auf und über der Erde, das Wasser eingeschlossen, erobert. Dabei wurden die einzelnen Lebensformen, die Arten oder Spezies, nicht nur selbst durch Anpassung an die Umwelt verändert, sondern sie haben auch bereits damit begonnen, diese Umwelt selbst zu verändern. Die Entstehung der Lufthülle um die Erde ist erst die Folge des Auftretens von Lebensformen, die Kohlenmonoxyd aufnehmen und Sauerstoff ausscheiden. Diese Lufthülle wiederum hat dann ganz neue Arten von Leben – einschließlich des Menschen – ermöglicht. Erst in dem letzten Tausendstel der Lebens-Zeit, also seit etwa 2 Millionen Jahren, hat eine neue »Revolution« stattgefunden (Konrad Lorenz nennt einen solchen Einschnitt »Fulguration«, blitzartige Veränderung), die qualitativ der Entstehung des Lebens in nichts nachsteht: Mit dieser neuen Entwicklung ersetzt die Evolution bei ihrer am weitesten fortgeschrittenen Spezies, dem Menschen, die »automatische Steuerung« durch die Instinkte weitgehend durch ein völlig neues Steuerungsmodell. In entscheidenden Situationen wird vor die instinkthaft-reflexive Reaktion, die weitgehend beibehalten wird, ein Kontrollmechanismus vorgeschaltet, der die an sich automatisch anstehende Reaktion noch einmal rational überprüft – im allereinfachsten Fall: flüchten oder standhalten.

Ein solcher Mechanismus kann sich nun nicht mehr an der gesamten Art orientieren, sondern muß das einzelne Lebewesen berücksichtigen: das Individuum »ist geboren«. Was die Evolution bis zur Einführung dieses Kontrollmechanismus, wir nennen ihn »menschliches Bewußtsein«, auch hervorgebracht hat: es waren immer »Arten«. Erst das Bewußtsein erlaubt es – und zwingt zugleich dazu – vom Einzelwesen zu sprechen. Bezogen auf den Begriff der Ganzheit: Biologische Ganzheiten bis zur Entstehung des Menschen waren immer die Arten einschließlich ihrer Steuerung, nie das Einzelexemplar. Diese Steuerung aber liegt bis zur Entwicklung des Menschen beim Instinkt, dem »Gedächtnis der Art«, nicht dem des einzelnen Lebewesens.

Das wird mit der Entwicklung des menschlichen Bewußtseins nun anders. Zwar würde es auch jetzt noch Jahrhunderttausende dauern, bis sich eine erfolgreiche Verhaltensweise in unserem Erbgut niederschlüge, aber darauf kommt es jetzt nicht mehr an. Der einzelne ist es jetzt, der Erfahrungen, Entdeckungen, Erfindungen macht, der individuell lernt und das Gelernte sofort an seine Zeitgenossen weitergeben kann. Zwar gackert auch das Huhn, wenn es ein Ei gelegt hat, aber wer weiß, ob das die anderen Hühner überhaupt interessiert. Auch wenn ein Mensch nur etwas Beiläufiges sagt, hört niemand hin. Aber wehe, wenn es um etwas Neues geht, da rennen gleich alle zusammen. Der einzelne Mensch mit seiner notwendig sozialen Bindung steht überhaupt viel mehr unter Kontrolle.

Der Mensch, der über sein und das Verhalten der anderen nachdenkt, ihnen nach-denkt, hinter ihnen her denkt, ist von vornherein ganz anders auf Beobachten und Nach-Denken und dann auch auf Nach-Machen und Ausprobieren eingestellt. Gerade weil ihm nicht das Reservoir der »automatischen Steuerung« vorbehaltlos zur Verfügung steht, weil er nicht nur nachdenken kann, sondern »von Natur« aus nachdenken *muß*, ist er aufmerksamer, neugieriger, mißtrauischer, interessierter, abwägender als irgendein Tier es sein könnte, das nur dann in einer ganz bestimmten Weise reagiert, wenn der *dazu*gehörige typische Impuls erfolgt. Um es, vielleicht überpointiert, auszudrücken: Das Tier ist so »dumm« wie ein Computer, der auch nur leistet, was als Möglichkeit in ihm angelegt worden ist. Das Tier wurde von der Natur programmiert, der Mensch schreibt sich seine Programme selbst.

Seit der Herausbildung des menschlichen Bewußtseins ist die Evolution nicht mehr auf biologische Anpassung und Vererbung angewiesen, sondern kann sich auf das individuelle Lernen und – wenn es sein muß auch – auf die sofortige Weitergabe des jeweils Gelernten und Erfahrenen verlassen.

Den größten Fortschritt hat die Evolution aber nicht mit dem Schritt von der genetischen zur mündlichen und technischen Vererbung gemacht, sondern mit der rasanten Forcierung des Erfolges an sich. In der vor-menschlichen Phase mußte ein Erfolg erst mühsam mit Versuch und Irrtum getestet werden, und der Aufwand, die Material-, Energie- und Zeitkosten waren enorm. Gegenüber den zirka 500 Millionen aus-entwikkelten Arten, die es bis zur konkreten Existenz gebracht haben, muß ein Vielfaches an fehlgeschlagenen Versuchen angesetzt werden, Versuche mutierter Abarten und Fehlentwicklungen, die nicht über die Runden der Darwinschen Anpassungsprüfungen gekommen sind.

Bei allen Experimenten steht dem Menschen seine Fähigkeit zur Verfügung, nicht nur mögliche, sondern vor allem *wahrscheinliche* Erfolge vorherzusehen, vorwegzunehmen, ohne sich erst auf die Risiken und Unkosten praktischer Versuche einlassen zu müssen. Wenn wir demgegenüber noch bedenken, was uns dennoch alles nicht gelingt, können wir uns eine Vorstellung davon machen, wie »das alles« ohne menschliches Bewußtsein weitergegangen wäre. Evolution findet heute weniger auf biologischem, als auf technischem Wege statt. Wie lange hätte es wohl gedauert, bis die Natur mit biologischen Mitteln ein Auge geschaffen hätte, das – schärfer als ein Falkenauge – in der Lage gewesen wäre, so weit zu sehen wie unsere heutigen Radioteleskope? Von den ersten Brillen (die man schon als Vergrößerungsgläser im Altertum kannte) bis zur Erfindung des ersten Fernrohrs hat es etwa 2000 Jahre gedauert, für eine biologische Evolution eine völlig indiskutabel kurze Zeit...

Und das *ist* Evolution: Eindringen in alle nunmehr auch technisch erreichbaren Räume. Dazu gehört nicht nur die Tiefseeforschung bis hinunter in den Marianengraben des Südatlantik, sondern auch das Vordringen in den Weltraum mit bemannten Raketen und den vorgeschobenen Augen und Ohren der Mars- und Venussonden wie in die Welt des Kleinsten, in den subatomaren Bereich.

Aber es ist nicht nur die auferlegte Freiheit der *Entscheidung* allein, die dem Menschen von der Evolution übertragen worden ist, er trägt nunmehr auch noch die Bürde der *Verantwortung* für diese Entscheidung. Ein Tier – mag es noch so gut dressiert worden sein – ist für das, was ihm sein Instinkt eingibt oder die Dressur abverlangt, nicht verantwortlich. Höher entwickelte Säugetiere wie Hunde zum Beispiel kennen eine Art von Antwortbewußtsein und lassen sich aus einer großen Gruppe von Artgenossen heraus mit Namen an- und zurückrufen. Aber wenn sie einmal partout keine Lust haben zu folgen, auch wenn Herrchen oder Frauchen noch so schimpft oder fleht, dann kann von irgendeinem schlechten Gewissen keine Rede sein. Der eingezogene Schwanz oder das ganz flach am Boden Herankriechen zeugen lediglich von Angst vor Strafe, aber nicht von Schuld und damit von Verantwortungsbewußtsein.

Der Mensch kommt aber nicht einmal dann um Verantwortung herum, wenn sie ihm noch so lästig ist. Was die Schlange im Paradiesmythos Adam und Eva gegenüber beinah recht beiläufig erwähnt hat: daß sie dann selbst wüßten, was gut und böse wäre, hätten sie erst einmal vom Baum der Erkenntnis gegessen, war von da an allen Menschen schon immer eine Herausforderung. Ethik und Moral sind keine Abfallprodukte der Zivilisation, sondern die Voraussetzung dafür, daß sich überhaupt so etwas wie Vergesellschaftung und damit dann auch Kultur entwickeln konnte (siehe Abschnitt III).

Ohne nunmehr auch ethische Selbststeuerung und damit auch Selbstverantwortung des Menschen hätte die Evolution das Experiment »Bewußtsein« schon längst abschreiben müssen. Das klingt zwar wenig überzeugend angesichts der beinah 150 kriegsähnlichen Ereignisse seit dem Ende des Zweiten Weltkrieges, seit Tschernobyl und Pol Pot. Aber fragen wir uns andererseits, was aus der menschlichen Geschichte geworden wäre, wenn es nicht immer wieder Propheten und Gesetzgeber gegeben hätte, Richter und Gerichtshöfe, vom griechischen Areopag und dem germanischen Thing an, um nur einige zu nennen, bis zum Amtsgericht in Hintertupfsweiler und den Vereinten Nationen, wie viel mehr wir uns auch von allen diesen versprochen haben. Wir sollten die menschliche Entwicklung nicht nur daran messen, was uns alles mißlungen ist, sondern auch daran, wie weit wir es seit dem ersten Faustkeil gebracht haben – *mit* Selbstbewußtsein *und* mit Selbstverantwortung.

Schlußfolgerungen

Welche für unser persönliches wie das allgemeine Leben erkennbare *Tendenzen* lassen sich nun aus dem Ablauf der Evolution, soweit wir sie übersehen, herauslesen:

Tendenz 1
Herausbildung zunehmend komplexerer Strukturen

Tendenz 2
Selbstorganisation dieser Strukturen: LEBEN

Tendenz 3
Ausdehnung des Lebens in alle erreichbaren Räume

Tendenz 4
Entwicklung aller im Leben angelegten Möglichkeiten:
Vom VOR-BEWUSSTSEIN – als automatischer Steuerung durch das »Gedächtnis der Art« (Instinkt)...

Tendenz 5
... vorerst bis zur Eigensteuerung des Einzelwesens aufgrund individueller Erkenntnisse: SELBSTBEWUSSTSEIN.

Selbstbewußtsein als Voraussetzung von Selbstverantwortung.
Selbstverantwortung als notwendige Folge von Selbstbewußtsein,
damit
PERSÖNLICHKEITSENTWICKLUNG UND WERTE-BEWUSSTSEIN.

Tendenz 6
Ablösung des evolutionären Prinzips von Versuch und Irrtum
durch das menschlich-bewußte Prinzip der vorweggenommenen Wahrscheinlichkeiten.

Ob nun der Mensch im »Mittelpunkt« der Evolution auf dieser Erde steht, mag jeder nach seiner Vorstellung von »Mittelpunkt« entscheiden. Mit der »Krone« der Schöpfung wie mit der »Schöpfung« überhaupt steht es ähnlich. Glaubenswahrheiten werden durch die empirische Sicht der Evolutionsabläufe nicht berührt. Wer darin das Walten eines persönlichen Gottes sehen will, wird daran nicht gehindert. Man sollte nur vermeiden, diesem Gott gleichzeitig noch zu unterstellen, in welcher Reihenfolge und wieviel Tagen diese Schöpfung vor sich gegangen ist, sofern man eine solche Darstellung nicht als bloße Allegorie betrachten will.

Was wir oben als einzelne Tendenzen beschrieben haben, ist im Grunde genommen eine einzige Tendenz. Aus der Nahsicht des Menschen und dessen zeitlichen Vorstellungen muß man für die verschiedenen tendenziellen Veränderungen millionenjahrelange Übergänge von der einen Phase zur anderen voraussetzen, so sehr viel »kürzer« diese Übergangsphasen auch immer geworden sind. So hat es sicher Millionen Jahre gedauert, bis aus den ersten Aminosäuren Eiweiße und aus Eiweißen lebende Zellen und Moleküle entstanden sind. Ebenso sollten wir die Entwicklung des Bewußtseins nicht als »Donnerschlag« empfinden, wenn auch der Begriff der Fulguration, den Konrad Lorenz für die tiefeingreifenden Veränderungen in der Evolution geprägt hat, zu einer solchen Veranschaulichung verführt. Die unterschiedlichen Vorformen von Bewußtsein, die wir bei Tieren finden, machen uns deutlich, daß es weder Blitz- noch Donnerschläge in der Evolution gibt, sofern wir selbst es nicht fertigbekommen, einmal die menschliche Entwicklung auf diesem Globus mit einem Donnerschlag zu beenden.

Es ist nicht bekannt, wie weit sich Abraham H. Maslow, der amerikanische Psychologe und Begründer der »Humanistischen Psychologie« mit Evolution beschäftigt hat. Aber seine Forderung an den einzelnen nach »Entwicklung aller Potentialitäten« entspricht genau der Tendenz in der Evolution. Frankl hat der Maslowschen Formulierung die noch evolutions-genauere entgegengesetzt: nämlich nicht »Entwicklung aller gewollten, sondern aller gesollten Potentionalitäten« – denn das Prinzip Verantwortung ist für den Menschen »Evolutionsprinzip«.

Tendenzen – Konsequenzen

Ein natürliches Leben kann nur im Einklang mit den erkennbaren Tendenzen der Evolution stehen. Der Sinn des Lebens als kosmisches – oder doch zumindest irdisches – Ereignis muß deshalb aus diesen Tendenzen herausgelesen werden. Soweit wir ihn erkennen können, liegt er in der selbst-bewußten

Entwicklung des Menschen, die auf ihre Weise die evolutionären Tendenzen weiterführt: Eindringen in alle erreichbaren – und nun auch nicht nur physikalischen, sondern auch psychisch-geistigen – Räume und Entwicklung aller im Menschen angelegten Möglichkeiten unter dem Diktat der Selbstverantwortung.

Was für das Leben »des Menschen« gilt, gilt auch für das Leben des einzelnen. *Was* er erreichen wird, steht in den Sternen. *Daß* er etwas erreichen will, spürt er täglich in sich selbst. Der Sinn heißt also Fortschreiten, Persönlichkeitsentwicklung, Entwicklung aller in ihm angelegten »gesollten« Möglichkeiten. Technik haben wir als erweiterte Leiblichkeit beschrieben, sie gehört mit zu diesem Fortschreiten, aber wie alles menschliche Handeln unterliegt auch sie – sie vor allem – der menschlichen Verantwortlichkeit, weil sie die angeborenen organismischen Möglichkeiten des Menschen auf gefährliche Weise vervielfacht. Der Mensch wäre in der Tat in der Lage, »sich selbst zu überholen«. Deshalb muß er mit seiner Fähigkeit der vorweggenommenen Wahrscheinlichkeiten sich selbst auch in puncto Verantwortung immer voraus sein. Auch die Gesetzgebung muß den »Menschen als Möglichkeit« berücksichtigen, im guten wie im bösen, sonst hat sie ihren Zweck verfehlt.

Die Selbstverantwortung – unabdingbar mit dem Selbstbewußtsein verbunden –, führt uns aber auch noch in anderer Weise an den Sinn des Daseins heran. Auch hier hat Frankl einen wichtigen Fingerzeig gegeben, den er die »kopernikanische Wende« in der Frage nach dem Leben nennt: Nicht wir sollen das Leben befragen, was es uns zu bieten hat, sondern »der Mensch ist es, der sich vom Leben zu befragen und diesem Leben zu antworten – dieses Leben zu verantworten – hat. Denn *der Mensch ist nicht da, um zu sein, sondern um zu werden.*«

Natürlich bleibt noch immer die Frage nach dem Sinn vom Sinn. Wenn wir es schon ganz spontan als sinnvoll empfinden, voranzuschreiten, weiterzukommen, etwas zu erreichen, »mehr« aus uns zu machen, Möglichkeiten zu verwirklichen und der Natur das Kapital zu verzinsen und zu mehren, das sie uns »in die Wiege« gelegt hat, dann bleibt noch immer die Frage nach dem WOZU – die Frage nach dem Sinn: wozu soll das alles gut sein?

Damit wären wir dann wieder beim Übersinn, und nicht nur darauf fiele uns die Antwort schwer. Was wissen wir zum Beispiel auch vom Sinn vom Glück? Warum halten wir Zufriedenheit (nicht nur für zweckmäßig, weil sie uns weniger abverlangt als Unzufriedenheit, sondern auch) für sinnvoll? Worin liegt der Sinn der vielzitierten Selbstverwirklichung? Wir können es zwar nicht beschreiben, aber wir »wissen« es eben. Der Übersinn ist uns zwar gegenwärtig, aber er ist – wie Frankl es schon gesagt hat – weder denkbar noch beschreibbar, aber auch nicht notwendigerweise beweisbar. Wenn wir einer *Empfindung* sicher sind, dann dieser: ob etwas nicht nur aus dem sachlichen Zusammenhang heraus zweckmäßig, sondern von unserem ganz persönlichen Empfinden her auch sinnvoll ist.

Gefühle, als die evolutionär ältere Form der Wahrnehmung, stehen deswegen den rationalen Gedanken keineswegs nach, sondern sind nach wie vor eine eigene und eigenwertige Form der »Welt«-Aneignung, und oftmals sind sie in ihren Entscheidungen sicherer als unser Verstand.

Vielleicht sollten wir sagen, daß der Sinn vom Sinn, was seinen Inhalt, seine mögliche *Definition* angeht, uns unbewußt bleibt, daß uns aber das Gefühl für *das Sinnvolle an sich* sehr wohl bewußt ist. Dieses Gefühls wollen wir uns dann später noch entsinnen, wenn wir auf das Konstrukt eines »psychischen Systems« zu sprechen kommen, daß uns in mancher Beziehung mehr über DAS PSYCHISCHE sagt, als gewisse Vorstellungen der Psychologie.

Als Menschen haben wir es in der Evolution mit der Ausbildung des Selbstbewußtseins schon recht weit gebracht. Zwar verstehen wir uns selbst und die Einbettung unseres Lebens in den Kosmos noch längst nicht im befriedigenden Maße, aber seit der Entwicklung des Selbst-Bewußtseins sind ja auch erst 700 Jahrtausende bis anderthalb Millionen Evolutionsjahre vergangen.

Und die Entwicklung geht weiter. Wir sind ganz offensichtlich nicht aus Versehen auf diesem Globus, weil irgendwann zufällig einmal die Weichen in Richtung »Mensch« gestanden haben. Dazu scheint – um es wieder sehr menschlich auszudrücken – der Aufwand zu groß gewesen zu sein, bis diejenigen Existenzbedingungen auf einem Himmelskörper entstehen konnten, die einem selbstbewußten Wesen wie dem Menschen buchstäblich die Luft zum Leben ließen.

Diesen Existenzbedingungen wollen wir uns jetzt im einzelnen zuwenden, denn es gibt – aus der menschlichen Sicht – *nichts Überzeugenderes für die Sinnhaftigkeit des Lebens auf diesem Globus als die ZWANGSLÄUFIGKEIT seiner Entwicklung.*

Das anthropische Prinzip: Weichenstellung »Mensch«

Nach Reinhard Breuer mag »die Einheit der Natur, in der fast jede lokale Bedingung (zum Beispiel auf der Erde) eng mit dem gesamten kosmischen Geschehen verknüpft ist und von ihm abhängt, einmalig sein. Sowohl die naturgesetzliche Struktur des Kosmos als auch der besondere Evolutionsablauf wirkten in fast einmaliger Weise zusammen, um eine intelligente Zivilisation hervorzubringen. Ob es andere, gleichermaßen aufeinander abgestimmte Werte der Fundamentalkonstanten geben könnte, entzieht sich unserer Kenntnis. Doch gerade die subtile Mischung aus Einfachheit und Komplexität, aus kosmischen, anthropischen (= auf den Menschen bezogenen, W.B.) Zufällen und evolutionären Zwangsläufigkeiten macht dies reichlich unwahrscheinlich. Da wir aber noch nicht einmal alle Voraussetzungen für das irdische Leben kennen, muß diese Frage offenbleiben«.

Wir wollen Breuer, der sich mit dem anthropischen Prinzip in einer inhaltsreichen Veröffentlichung auseinandergesetzt hat, nachstehend auch weiter folgen, wenn wir der Frage nach dem Sinn der menschlichen Existenz nachgehen. Als wesentlichstes Kriterium erweist sich dabei die Entscheidung über die offensichtliche Zufälligkeit dieser Existenz oder ihr ebenso offensichtliches Gegenteil. Im Grunde genommen würde schon diese Entscheidung allein ausreichen, um auch über »Sinnhaftigkeit oder nicht« zu entscheiden.

Der amerikanische Physiker Geoffrey F. Chew hat zu den Zusammenhängen in der Evolution festgestellt, daß die vielfältigen Eigenschaften der Dinge auf unserer Erde, ja auch darüber hinaus, nicht beliebig sind, sondern eng voneinander abhängen und auch ihre Entwicklung eng aufeinander bezogen erfolgt ist.

Die Fundamentalkonstanten, von denen Breuer oben gesprochen hat – jene physikalischen Größen, von denen aus sich die Naturgesetze bestimmen lassen, und auf die wir gleich noch näher eingehen werden, mußten *so und nicht anders* aussehen, damit es überhaupt zu intelligenten Wesen kommen konnte. Nur unter einer Vielzahl solcher fundamentaler und feststehender Größen war es möglich – und unter diesen Bedingungen dann aber auch zwangsläufig –, daß Leben und damit der Mensch entstehen konnten.

Diese Abhängigkeit des Menschen (griech. anthropos) von diesem einmaligen Zusammentreffen physikalischer Bedingungen und ihrer konkreten Größenordnungen im Universum nennen wir »das auf den Menschen abzielende« = das anthropische Prinzip.

Dabei kommt es zu einer Reihe auf den ersten Blick verwirrender Feststellungen. So meint der amerikanische Physiker Harrison, daß diese Konstanten nur deshalb die Werte haben, die wir beobachten, »weil unser Universum vielleicht das einzige Universum ist, in dem sie durch intelligentes Leben beobachtet werden können«, und Breuer stellt fest, daß »möglicherweise die Existenz einer intelligenten Lebensform, eines Beobachters im Kosmos, auch die Realität dieses Universums beeinflußt«.

Das sind Auffassungen von Physikern, die mit der Veränderung von Objekten durch Beobachtung vertraut sind, eine Erfahrung, die dem Durchschnittsmenschen im allgemeinen fehlt und die er auch nicht unbedingt einzusehen vermag, vor allem angesichts solcher Größenordnungen wie hier »der Mensch« und dort »das Universum«. Aber vielleicht erinnern wir uns in diesem Zusammenhang unseres systemtheoretischen Aspektes der vernetzten Wirkungen; es ist ja auch nicht vom Einzelmenschen die Rede und daß dieser einen Einfluß auf »die Welt« habe, wohl aber von der biologisch-psychologisch-geistigen Erscheinung des Menschen an sich, und dahinter steht ja die phantastisch anmutende Vorstellung, daß sich im Bewußtsein des Menschen und in seinem reflektierenden Denken die Natur, der Kosmos, das Universum ihrer selbst bewußt werden. *Das Leben erkennt, daß es existiert, daß es lebt;* dieser Planet hat ein riesenhaftes Gehirn, wie es ein russischer Wissenschaftler einmal ausgedrückt hat, nämlich die vielen Milliarden menschlicher Gehirne. Was uns dabei verwirrt, sind Abstraktionen wie »das Leben« oder »das Universum«, die sofort, wenn wir sie auch nur aus-denken, den Charakter von Gegenständen annehmen; dabei müßten wir eher von Zuständen ausgehen – von Konfigurationen von »Materie«, die wir zusammen-schauen wie Sternbilder und uns zusammen-denken als Systeme. In diesem Denkmodell »System« ist die »Einwirkung aller auf alles« eines der grundlegenden Prinzipien, und unter diesen Voraussetzungen werden dann auch Aussagen wie die obigen verständlich.

Vor allem aber machen die zuvor zitierten Aussagen deutlich, daß Mensch und Leben nicht das zufällige Ergebnis bestimmter Verursachungsbedingungen im Kosmos sind, sondern AUSDRUCK dieser Bedingungen: hier wirkt »alles auf alles« ein, und uns, den Beobachtern, die zugleich Teil dieses Ganzen sind, werden lediglich bestimmte Erscheinungen offenbar, die wir »Natur«, »Mensch«, »Leben« nennen, aber nicht der gesamte Zusammenhang. Wir leben jedoch nur in Zusammenhängen von Erscheinungen, nehmen dabei aber die letzteren vor allem in einem Gegenüber von Subjekt und Objekt wahr, als uns gegenübergesetzt. Dabei sind diese Objekte gleichzeitig Subjekte wie wir … Objekte.

Wie könnte es anders sein: was wir auch erkennen, ist von unserer allgemein-menschlichen *und* individuellen Art und Weise geprägt, überhaupt etwas wahrzunehmen. Wenn jemand sich Gott als einen alten Mann mit einem langen weißen Bart vorstellt, dann reicht eben sein individuelles Vorstellungsvermögen nur bis zu einer Großvaterfigur; ein anderer ist schon einer abstrakteren Vorstellung fähig; bei ihm stellt sich Gott mehr als die allumfassende, allwissende Allmacht dar, aber immer noch persönlich genug, um auch in ihrer persönlichen

Einwirkung erfahren zu werden. Einem dritten gar ist Gott überhaupt nicht mehr vorstellbar und nur noch unpersönliches »höheres Wesen«, ohne daß jener deshalb gleich am Dasein und eines Tages Nicht-mehr-da-Sein verzweifelte. Auch der Umgang mit den Denkmodellen von Leben und Universum hängt sowohl von allgemein-menschlichen wir den individuellen Erkenntnisbedingungen ab.

Desgleichen das Verhältnis zum Sinn. Was hier darzustellen ist, wird sicher nicht von jedem in derselben Weise wahrgenommen: als seine Wahrheit angenommen. Für den einen genügt das Bewußtsein, in einem gewaltigen, einem »universalen« Sinn-Zusammenhang eingebettet zu sein; ein anderer braucht seine ganz persönliche Legende. Der eine ist nicht besser als der andere, die beiden unterscheiden sich nur in ihrer Art des Erkennens. Der letztere wird vielleicht noch nicht einmal in den astrophysikalischen Zusammenhängen, wie sie im folgenden als die Gegebenheiten des anthropischen Prinzips kurz umrissen werden, das Faszinierende verspüren, was der Frage nach dem Sinn der Evolution eine ganz besondere Bedeutung verleiht.

Wir waren zuvor davon ausgegangen, daß es bestimmter naturgesetzlicher STRUKTUREN im Kosmos und evolutionärer Ablaufbedingungen (FUNKTIONEN) bedurfte, um Leben in unserem Universum zu ermöglichen. Dabei mußten bestimmte unveränderliche Größenordnungen, sogenannte Fundamentalkonstanten, genau die Werte aufweisen, die wir an ihnen feststellen können. Die Gegenprobe – ob ein Universum unter anderen physikalischen Gegebenheiten ebenfalls ein sich selbst durch lebende Wesen beobachtendes Universum sein könnte – kann man zwar als Denkmodell überprüfen, allerdings nicht als physikalisches Experiment, sondern nur als metaphysikalisches Denk-Experiment. Ehe wir diese Konstanten hier kurz nennen, sei vorausgeschickt, daß *dann offenbar kein Universum denkbar ist, bei dem Sterne und Planeten mit ausreichender Existenzdauer und lebenermöglichenden physikalischen Bedingungen vorausgesetzt werden können.*

Zu den Fundamentalkonstanten zählen

die Lichtgeschwindigkeit
das Plancksche Wirkungsquantum
die elektrische Ladung des Elektrons
die Gravitationskonstante
die Konstante der schwachen Wechselwirkung
die Konstante der starken Wechselwirkung
der Radius des Wasserstoffatoms nach Bohr
die Planck-Masse
die Planck-Zeit
die Planck-Länge

Aus diesen »dimensionsbehafteten« Größen – als Bindung an konkrete Gramm, Sekunden, Zentimeter – sind dann die in »reinen Zahlen«, also in Größenverhältnissen zwischen Einheiten, ausgedrückten vier Fundamental-Kräfte oder Wechselwirkungen entstanden, die in der Natur die so »einfachen Zutaten Materie und Strahlung« zusammenkoppeln:

Die Gravitation
als anziehende Wechselwirkung zwischen großen makroskopischen Körpern mit langer Reichweite und extrem geringer Stärke 10^{-39}

Die starke Kernkraft
als abstoßende Wechselwirkung zwischen Quarks mit einer kurzen Reichweite und der Stärke 1

Die schwache Kernkraft
als abstoßende Wechselwirkung zwischen den Leptonen (den »leichteren« Mitgliedern der Kernfamilie) mit kurzer Reichweite und einer Stärke von 10^{-5}

Die elektro-magnetische Kraft
als abstoßende Wechselwirkung zwischen elektrisch geladenen Teilchen mit einer langen Reichweite und einer Stärke von 10^{-2}

Die verhältnismäßig geringe Anzahl von Bausteinen und

Koppelungsenergien eines ganzen Kosmos verdichten sich nichtsdestoweniger zu jener einzigartigen Komplexität, deren *Ausdruck* der lebende Globus in unserem Universum ist.

Diese Formulierung mag den einen oder anderen befremden: der lebende Globus. Aber wieder einmal gehen wir mit unserer menschlich-begrenzten Vorstellung von einem lebenden Organismus an etwas heran, das ja keineswegs nur wie ein überdimensionaler Mensch aussehen muß, die lebende Zelle ist ja auch kein Mensch im kleinen. Stellen wir uns doch einmal einen »lebenden Himmelskörper« als einen von Energien durchtobten Materieball vor mit einer intelligenten, in ihren Einzelteilen mobilen Außen»haut«. Das Denkmodell von den vielen Milliarden Gehirnen auf dieser Erde als das Gehirn dieses Himmelskörpers hatten wir zuvor ja schon erwähnt. Viel anders ist die Vorstellung eines sich selbst beobachtenden Universums auch nicht.

Der Mensch
nimmt dabei in den Größenordnungen dieses Universums eine verblüffende Mittelstellung ein; fast könnte man dabei an die Formulierung Frankls denken, der den Menschen ebenfalls als ein Mittelwesen zwischen der Dimension des Geistigen und dem Psychophysikum bezeichnet.

Gehen wir von der kleinsten Dimension in der physikalischen Skala aus, dem Proton mit einer Größe von 10^{-16} und der größten Dimension, dem Universum mit 10^{24}. So steht der Mensch mit 10 in der Mitte (siehe Schema im Anhang S. 192).

Auch die Sonne nimmt eine Mittelstellung zwischen den kühleren Roten Zwergen und den heißen Blauen Riesen ein. Ein »kühlerer« Stern als die Sonne könnte die Photosynthese im Pflanzengrün gar nicht in Gang setzen.

Auch bezüglich seiner Länge und Masse weist der Mensch diese Mittelstellung zwischen Proton und Universum auf, ohne daß wir hier Zahlenangaben vermerken wollen. Als »Quintessenz der anthropischen Betrachtung« – und hier zitieren wir wieder Breuer – erscheint plausibel, »daß in einem Kosmos mit anderen Naturkonstanten eine intelligente Lebensform sich nicht entwickeln konnte«. Andererseits haben verschiedene Versuche, die chemophysikalischen Ursprungsbedingungen zu Beginn der Erd»zeit« zu simulieren, gezeigt, daß unter den gegebenen Bedingungen die Entstehung von Leben eben kein Zufall, sondern »Notwendigkeit« gewesen ist, zu erinnern sei nur an das berühmte Experiment von Miller/Urey in Chicago 1954.

Breuer sieht »in der möglicherweise einzigen von Intelligenzen beobachteten Welt« für uns als Zukunftsaufgabe vor allem, »die untrennbare Verbindung von Leben und physikalischer Welt im Sinne des anthropischen Prinzips zu erkennen und uns – als Erkennende dieses Kosmos – auch am Leben zu erhalten«.

Auch wenn wir – wie zuvor schon ausgesprochen – nicht zu definieren vermögen, *worin* (aus der Sicht einer höheren Dimension: Gott, Kosmos, Natur...) der Sinn eines solcherart in Szene gesetzten Lebens liegt – an einem Sinn überhaupt zu zweifeln, fiele uns angesichts der physikalischen Gegebenheiten wohl noch schwerer.

Die biologische Evolution und der Sinn

Das Leben ist – wie wir gesehen haben – keine bizarre Eigentümlichkeit des Kosmos, keine Art zufälliges Sonderereignis, sondern, wie es Teilhard de Chardin ausgedrückt hat, der »wesenhafte Kern des Phänomens«. Die enge strukturelle Bindung, die zwischen dem »Kernproblem Leben« und der Materie besteht, drückt sich in der Tendenz der Materie zu immer komplexeren Einheiten aus.

Komplexität meint weder die Ansammlung ungeordneter, noch die unbegrenzte Wiederholung geordneter Einheiten, sondern die systematische Kombination unterschiedlicher Teile zu geordneten, in sich geschlossenen, nach außen für weitere Kombinationen »anschlußfähiger« Ganzheiten. Damit ist zugleich eine Charakterisierung dessen erfolgt, was wir anfangs als »System« vorgestellt und als Denkmodell für unsere Überlegungen angeboten hatten.

Ergänzend zu dem im vorhergehenden Abschnitt Gesagten kann man noch zwei Fundamental-Beziehungen festhalten:

Die Größenordnungs-Beziehung
und das Komplexitäts-Verhältnis.

Nach diesen Relationen können Makro- wie mikrophysikalische Erscheinungen beschrieben werden, wobei bereits die Komplexität des noch Kleinen auffällt, man denke an den bereits erheblich komplexen Aufbau des Atoms.

Das Leben kann in dieser Hinsicht geradezu als Auswirkung der Tendenz nach Komplexität und die Biologie als »Physik des besonders Komplexen« angesehen werden (Teilhard). Auf der frühesten Stufe hatte die Evolution, wie zuvor bereits erwähnt, mit der sprunghaften Veränderung des Erbgutes (Mutation) und dem Überleben des Bestangepaßten gearbeitet. Die dabei in Erscheinung getretenen Gesetzmäßigkeiten liegen lediglich im Bereich der statistischen Wahrscheinlichkeit und haben deshalb für den weniger kritischen Beschauer etwas Zufälliges.

Auf der nächsten Stufe entwickelt die Evolution dann die geschlechtliche Zuchtwahl: geschlechtsspezifische Reize übernehmen dabei eine Art Vor-Auswahl durch bereits angepaßte Individuen. Auf der dritten Stufe, der selbstbewußten Auswahl durch den selbst entscheidenden Menschen, spielen zwar auch noch instinkthafte Reize eine Rolle mit, im Vordergrund steht aber die vom Verstand auf der Grundlage aller angeborenen *und* erworbenen Kenntnisse und Erfahrungen abgecheckte Vor-Auswahl nach den Kriterien eines *wahrscheinlichen* Erfolges.

Von dieser Schwelle an tritt mit dem reflektierenden Denken der Drang zur Komplexität auch als rationale Funktion in Erscheinung.

Die biologische Komplexität ist dann eine doppelte: Einmal als korpuskulare Komplexität, wie sie das menschliche Gehirn als Träger der rationalen (und anderer) Prozesse darstellt, und dazu als Komplexität des Bewußtseins selbst, wobei wir hier Bewußtsein als Funktion des Gehirns auf einer besonders komplexen Ebene auffassen.

Als Biosphäre
betrachten wir die Hülle aus organischer Substanz, wie sie seit etwa vier Milliarden Jahren die Erde umgibt. Diese Biosphäre in ihrer, den Erdball schalenartig umschließenden Form ist ihrerseits der Träger der nächsten »Schale«, der Noosphäre, und damit jener »Schicht«, die innerhalb der Biosphäre zur Komplexität des Bewußtseins verdichtet worden ist. Der »kosmische Dynamismus« (Teilhard) zeigt darin die Verbindung zwischen dem, was wir Astronomie, Physik und Biologie nennen – als differenzierte Ausschnitte unserer zunächst auf Reduzierung von Komplexität angelegten Wahrnehmung.

Unabhängig von den zahlreichen scheinbaren evolutionären »Sprüngen« und Fulgurationen verwischen sich in der heutigen Betrachtungsweise allmählich die Schranken, die bisher wesensmäßig zwischen einem Atom und einem Säugetier bestanden haben.

Aus Sicht der zunehmenden Komplexität ist das Leben ein Strom von Molekülen, deren immer kompliziertere Kombinationen eine Reihe entscheidender Differenzierungen aufweisen, von denen hier nur einige wenige genannt werden sollen:

Die außerordentliche Vielfalt der Einzeller; die Kombination von Einzellern zu Vielzellern; die Spaltung zwischen Ur-Pflanzen, die sich durch Photosynthese ernähren, und Ur-Tieren, die sich wiederum von Pflanzen ernähren, und schließlich Tiere, die sich sowohl von Pflanzen wie von Tieren ernähren, bis hin zum Menschen, der den Nutzeffekt seiner Nahrung durch Zubereitung (Feuer) und seine Mobilität durch Nahrungskonservierung (als Voraussetzung zur Mitnahme von Nahrungsmitteln auf die Reise) außerordentlich gesteigert hat. Mobilität als regionale Anpassung an ungünstige Lebensbedingungen ist ja eine der wichtigsten Überlebensübungen überhaupt gewesen, die heute allerdings, angesichts der zementierten sozialen Besitzstände in unserer Gesellschaft, in ungute Vergessenheit geraten ist.

Darüber hinaus scheinen ganz bestimmte Entwicklungsmerkmale der Tendenz nach zunehmender Komplexität besonders genügt zu haben, der gleichzeitig eine Tendenz nach zunehmender Selbstbestimmung entspricht: die Bevorzugung der in das Innere des Organismus verlegten Stabilisierung wie beim Wirbeltier (inneres Skelett im Gegensatz zum äußeren Panzer der Insekten oder Schalentiere u. a.), die Eroberung der Atmosphäre mit dem Verlassen des Meeres, die selbstregulierende Warmblütigkeit (Homoiothermie) und das Gebären lebender Jungen (Viviparie).

Cerebralisierung

Die entscheidende Entwicklung in Richtung Komplexität wurde mit der Cerebralisation eingeschlagen. In dem Maße, in dem das Gehirn nicht mehr nur dazu diente, Träger der somatischen Steuerung zu sein, sondern freie Kapazitäten entwickelte, befreite sich das Leben hin zum Bewußtsein. Für den Menschen bedeutete dies gleichzeitig zunehmende Autonomie und damit Durchbruch zu jener menschlichen Freiheit, die zwischen biologischer und sozialer Einbindung und individueller Entscheidung liegt.

Der Evolution bescherte dies einen gewaltigen Fortschritt, denn nun konnte an die Stelle einer »blinden« Folge von Versuch und Irrtum, die selbst bei höher entwickelten Tieren durch eine nur begrenzte Lernfähigkeit eingeschränkt ist, die bewußte Vorwegnahme eines nicht nur möglichen, sondern sogar *wahrscheinlichen* Erfolges auf dem inneren Bildschirm des bewußt handelnden Menschen treten. Der österreichische Biologe Rupert Riedl veranschlagt für die genetische Verankerung eines an der Wirklichkeit erprobten Merkmals etwa eine Million Jahre (s. S. 32). Demgegenüber ist der bewußt handelnde Mensch in der Lage, eine neue Erfahrung in nur einem Bruchteil der »biologischen Zeit« zu erproben und mit technischen Mitteln dem Erfahrungsschatz der ganzen Menschheit einzuverleiben. Damit hat sich die Prozeßgeschwindigkeit der Evolution ungeheuer vervielfacht.

Für diese Entwicklung sind parallel zur Spezialisierung im aufrechten Gang, der von großer Bedeutung für die Schädel- und damit für die Gehirnentwicklung ist, vor allem zwei Beziehungen von Bedeutung: einmal das Ausmaß, in dem die Großhirnrinde für die Steuerung der Hand zuständig ist, und zum anderen das Verhältnis zwischen Großhirn und Resthirn (siehe hierzu die beiden Abbildungen im Anhang). In der ersteren kommt zum Ausdruck, mit welcher Eindeutigkeit der Mensch ein Denk- und Ta(s)twesen, ein Hand- und Hirnwesen ist, prädestiniert ebenso für die vorausschauende (antizipatorische) wie die hand-feste Bewältigung von Versuch und Irrtum; in der zweiten zeigt sich vor allem die Zukunftsorientierung des Menschen: Während das Stammhirn die vegetativen Funktionen (Herzschlag, Atmung u. a.) steuert, repräsentiert das Zwischenhirn u. a. den weiten Bereich der emotionalen Interpretationen. Das Großhirn dagegen vor allem mit seinen »freien Zonen«, also den für bestimmte Handlungsabläufe nicht festgelegten Teilen, ermöglicht es überhaupt erst, »Nichtfestgelegtes« zu vollziehen: Entscheidungen zu treffen und vorauszudenken. Frankl sieht deshalb auch in dieser »Cerebralisierung«, in der im Laufe der Evolution mehrfach auftretenden Verdoppelung der Hirnzellen, die physiologische Seite der Menschwerdung.

Man kann also davon ausgehen, daß die Komplexität des Gehirns, wie sie sich in der Furchung der Rinde abzeichnet und nicht unbedingt in seiner objektiven Masse, seinem Gewicht, der Gradmesser für psychische Leistungsfähigkeit und damit für Lebensintensität ist.

Die anfangs genannte Tendenz der Evolution nach Zunahme der Komplexität ihrer Hervorbringungen wird dadurch nicht zuletzt auch physiologisch bestätigt und kann unschwer anhand der Kultur- und Geistesgeschichte der Menschheit auch auf die zunehmend komplexeren Bewußtseins-Inhalte, die Bewußtheiten, übertragen werden.

Sozialisierung

Lassen wir zunächst einmal die später noch gesondert zu behandelnde Rolle der Technik außer acht, die ebenfalls ein »natürlicher« Ausdruck der Evolution ist, so kommen wir zu dem (vorerst) letzten Element, das sich als herausragendes Kriterium für die erstaunliche Fähigkeit des Lebens und insbesondere des Menschen erweist, in relativ kurzer Zeit die ganze Erde zu überziehen, und zwar, was den Menschen angeht, in einer – in bezug auf seine Größe wie seinen Energiebedarf – außerordentlichen Dichte.

Dieses Element ist die spezifische Art seiner Gesellschaftsbildung.

Diese weist im Hinblick auf unser – der Sinn-Frage zugewandtes – Thema zwei Aspekte auf: Einmal geht es um die Vergesellschaftung von Individuen und zum anderen um die Zusammenschlüsse bereits ausgebildeter Gruppen.

Die Konzeption »menschliches Individuum« setzt bei diesem ein individuelles Ich-Bewußtsein voraus – im Unterschied etwa zum kollektiven Art- oder Körper-Bewußtsein, wie es beim Tier zum Beispiel die artspezifische Tötungshemmung erfordert oder auf der noch niederen Ebene des Organismischen den Killer-Zellen des Immunsystems eignet, damit sie Körpereigenes und Körperfremdes auseinanderhalten können.

Eine weitere Voraussetzung für die Teil-nahme und Teil-habe an einem sozialen Organismus ist darin zu sehen, daß der Mensch von der »Logik der Organe«, wie Piaget den Instinkt genannt hat, zur »Logik des Bewußtseins« vorangeschritten ist, wie hier »Sinn« definiert werden soll. Das bedeutet, daß der Mensch fähig sein muß, sich nicht nur im Sinne der erkennbaren evolutionären Tendenzen instinktiv sinnvoll zu verhalten, sondern *diesen Sinn auch bewußt zu erkennen und als handlungsleitend »entscheidend« anzuerkennen.*

Unter dem Gesichtspunkt der Sinn-Geleitetheit ich-bewußter und selbst-bewußter Individuen erscheinen die Angehörigen tierischer Sozialisationen (zum Beispiel sogenannter Insekten-Staaten) als mobile Organe oder Zellen eines von keiner sichtbaren Abgrenzung umschlossenen organismischen Systems, dessen Grenzen dort liegen, wo sich die äußersten Zellen dieses Organismus befinden.

Die Überlegenheit gesellschaftlich lebender Wesen im Kampf ums Dasein ist in der Natur überall sichtbar. Dabei hängt der Grad der gesellschaftlichen Effektivität von der Speicherung und Weitergabe von Erfahrungen (Genetik, Gedächtnis) und der inter-individuellen Kommunikation ab. So hat »Sprache« im biologischen Bereich viele Vorstufen (man denke an die »Tanz«kommunikation der Bienen) bis zur Artikulation abstrakten Denkens beim Menschen. Dies wiederum ist abhängig von der Organisation des Gehirns wie der Schädelentwicklung, insbesondere des Rachenraumes. Alles das gehört zusammen, um ein voll-kommunikationsfähiges Individuum als voll-wertiges Mitglied eines voll-funktionsfähigen sozialen Organismus abzugeben.

Stellt die Gesellschaftung von Individuen bereits eine Form der Konvergenz dar, so bildet die Aufeinanderzu-Entwicklung ganzer Gruppen (Familien, Horden, Sippen, Stämme, Völker und schließlich Rassen und Kulturen) eine weitere Form.

Überhaupt ist Gemeinschaftsbildung ein allgemeines Merkmal belebter Materie, das auch schon im Bereich geringer Autonomie zu finden ist.

Für den bewußt lebenden und sich bewußt sozialisierenden Menschen bedeutet dies eine Vielzahl ethnisch-sozialer Zusammenschlüsse und – bezogen auf den von ihm bevölkerten Planeten – schließlich die Bildung einer ganzen Sphäre: die Sphäre des weltumspannenden und welt-erfassenden Denkens (Noosphäre). Auf diese Weise erhält die Biosphäre ihr »Gehirn« und ihr Bewußtsein (Teilhard).

Jede der großen Wanderungen der verschiedenen Menschengruppen im Laufe der etwa drei bis vier Millionen Jahre umfassenden Menschheitsgeschichte hat nicht nur zur biologischen Weiterentwicklung und Auslese, sondern auch zur verbesserten sozialen Gliederung, zur Anhäufung von Erfahrung und verbesserter Kommunikation geführt. Die stets zu weiterer Kombination offenen sozialen Gebilde potenzieren damit die Fähigkeit eines jeden ihrer Glieder, die in den neuen Zusammenhang einbezogen sind. Die bisher allein von den Chromosomen besorgte Vererbung angeborener *Eigenschaften,* deren Qualität die Anpassungsmechanismen zu bestätigen hatten, wurde jetzt schrittweise – wenn auch mit Riesenschritten – ergänzt und inhaltlich um ein Vielfaches übertroffen durch die Weitergabe (Sozialisation, Enkulturation) erworbener *Kenntnisse und Fähigkeiten* mit den Mitteln der Sprache und der Schrift.

Die Evolution bekommt damit im Zeichen der Noosphäre einen geistigen Akzent, vor dem im engeren Sinne biologische Kriterien weitgehend verblassen.

Aber auch »die Geschichte« mit ihren uns meist so unverständlichen Abläufen im Auf- und Untergang ganzer Völker und Kulturen, der Überfremdung, Unterwerfung, Selbstbehauptung von Staaten und Nationen, ist dabei »nichts anderes als die Fortführung jener Vorgänge, aus denen schon zuvor tierische Arten entstanden sind« (Teilhard).

Wie schon mehrfach in den hier vorgestellten Denkmodellen kann auch jetzt wieder festgestellt werden, daß Vitalisation und Sozialisation nur unterschiedliche Phasen ein und desselben

Vorganges darstellen, und die zunächst getrennt erscheinenden Abläufe entweder hinter den Phänomenen auf einer abstrakten Ebene oder konkret auf einer höheren Ebene zusammenhängen, wie es Werner Heisenberg ausgedrückt hatte.

Insgesamt deutet der Verlauf der Evolution auf eine gleichartig sinnvolle, zielgerichtete Entwicklung hin, die im Bereich des Menschen ihre zunehmend komplexere Materialität in einer immer komplexer werdenden Gesellschaftung widerspiegelt und deren zunehmend komplexere psychisch-geistige Strukturierung sich in einer Vielzahl geistig-technischer Erscheinungen niederschlägt.

Wie vorn bereits einmal zum Ausdruck gebracht, ist der Punkt erreicht, an dem die Evolution ihre Ziele nunmehr auch mit anderen als den ursprünglich im engeren Sinne biologischen Mitteln verfolgt, denn auch Technik ist, wie wir gesagt hatten, als erweiterte Leiblichkeit »Natur«.

Die psychisch-geistige Evolution: Der Mensch und das Bewußtsein

Ebensowenig wie der Ursprung der Materie, so ist auch die Entwicklung des Psychischen kein Ergebnis eines plötzlich einsetzenden Schöpfungsaktes.

Analog dem Denkmodell »Der Mensch im Universum« des letzten Abschnittes, in dessen Mittelpunkt die untrennbare Verbindung von Leben und physikalischer Welt stand, ist auch das Psychische mit den physiologischen Gegebenheiten des Organismus verbunden und, wie sich erkennen läßt, in der sich zum Leben entwickelnden Materie angelegt gewesen.

Die Frage, ob die vier Fundamentalkräfte letzten Endes nicht Ausdruck ein und derselben Elementarkraft seien und sich erst nach dem Urknall mit dem Kälterwerden der auseinanderstiebenden Teile ausdifferenziert hätten, taucht mit dem ihr zugrunde liegenden Problem – der verborgenen Ganzheit in der Vielheit – auch in anderen Dimensionen des Universums und so auch im Bereich des Psychischen wieder auf.

»Daß die Wirklichkeit für unser Denken zunächst in getrennte Schichten zerfällt, die erst in einem abstrakten Raum hinter den Phänomenen zusammenhängen« (s. o.), kann sowohl für die Wirklichkeit der Fundamentalkräfte so sein, ebenso aber auch für die Wirklichkeit von Materie und Energie, für die Einstein die bekannte Formel E = M mal C^2 fand, ferner für die Wirklichkeit der Materiebereiche, die wir traditionell in organisch und anorganisch unterteilen und damit in belebt und unbelebt. Die neuen Dimensionen erweisen sich bei näherer Betrachtung als die jeweils komplexeren Organisationsformen des vorhergegangenen Zustandes.

Dies stellt sich besonders eindrucksvoll auch beim Zustandekommen des Psychischen und damit beim Entstehen des Bewußtseins dar.

Hatte das Leben selbst mit der Zelle begonnen, so beginnt auch das Psychische mit der Zelle und in der Zelle. Wie (nach dem anthropischen Prinzip) das Universum in den Jahrmilliarden der Evolution entsprechend den in ihm angelegten Bedingungen auch das Leben aus sich heraus entwickelte, so sind auch das Psychische und das Geistige in vielfältiger Hinsicht bereits in den Jahrmilliarden der Entstehung des Lebens angelegt.

Zunächst eine begriffliche Differenzierung: Wir sprechen im anorganischen Bereich von Materie und im organischen Bereich, in bezug auf den Menschen, von (griech.) Soma = Körper. Soma ist also ein Synonym für belebte Materie, für Körperlichkeit. Der menschliche Organismus besteht aus einzelnen Zellen, die in Verbänden – von uns (im allgemeinen) »Organ« genannt – existieren. Diese Organe wirken zusammen in einem Organ-System: dem Organismus.

Gesteuert wird dieses Zusammenwirken vom Nervensystem, bestehend aus Gehirn, Rückenmark und den peripheren Nerven. Das alles ist Soma, Körperlichkeit.

Aber nicht das Nervensystem, das Steuerungs*organ*, und dessen Funktion, die Steuerung, nennen wir das Psychische, sondern das *Bewußtsein* dieser Steuerung. Da die Psyche kein Gegenstand ist und somit auch nichts Materielles, sollte man besser von »dem Psychischen« sprechen. In diesem Sinne finden wir auch bei Tieren Steuerung und in einem – gegenüber dem Menschen – weniger entwickelten Maße auch Bewußtsein, Psychisches. Wir nennen diese tierische Vorform »Vor-Bewußt-sein« (näheres siehe Abschnitt VI). Was den Menschen vor allem kennzeichnet, ist die besondere Dimension des *Geistigen,* die das Psychische sozusagen »überbaut« und die Ausdruck seiner Verantwortung für diese bewußte Steuerung ist. Das Geistige ist also nicht das Rationale, der Verstand, als Funktion der Großhirnrinde – die Entwicklung der Großhirnrinde beginnt bereits vor 500 Millionen Jahren bei den Fischen –, sondern diejenige Dimension, die das eigentlich Menschliche ausmacht, das typische Humanum.

Somit können wir beim Menschen – nach Frankl – dimensional-ontologisch unterscheiden:

das SOMATISCHE,
das PSYCHISCHE – als Steuerung des Somatischen
und DAS GEISTIGE – als die selbst-bewußte und selbstverantwortliche Dimension dieser Steuerung.

Wichtig ist dabei die Unterscheidung zwischen dem Träger der Steuerung (dem »agens«) und der Steuerung als Vorgang (der »actio«). Für unsere Überlegungen zum Psychisch-Geistigen und zum Bewußtsein kommt es jedoch weniger auf die Steuerung, als auf die *Bedeutung* der Steuerung, auf ihren Sinn an.

Träger – Muster – Bedeutung

Was wir auf der bereits hohen Organisationsstufe des Menschen als Körper-Psyche-Geist differenziert haben, finden wir analog auf der niederen Stufe der Nervenzelle wieder.

Um hier Entstehung, Ablauf und schließlich die Höherorganisation psychischer Prozesse erkennen zu können, müssen wir zunächst die instrumentelle Seite der Steuerung betrachten, die Träger der Steuerung.

Vom Aufbau der Nervenzelle (Neuroglia, Ganglienzelle, Neuron) sind dabei die Impulsleitungen der Zelle, die Axone, interessant und die Übergangsstellen zwischen Axonen und anderen Teilen des Nervensystems (andere Zellkörper, Dendriten), die sogenannten Synapsen. Die von den Nervenzellen weitergeleiteten Impulse (»Reize«) sind elektro-chemischer Natur. Diese Weiterleitung erfolgt nicht gleichförmig wie das Dahinfließen eines ungehinderten Wasserstromes, sondern nach »Mustern«.

Diese stellen sich einmal in bestimmten *Rhythmen* der axonalen Reizströme dar – vergleichbar etwa den Rhythmen einer Urwaldtrommel, mit der Nachrichten im Busch übermittelt werden – zum anderen in *Figurationen,* die bei der

Übertragung der Reize an den Synapsen entstehen, und zwar durch die Vielfalt der jeweils erregten Leitungsbahnen (Verknüpfungen); man kann sich das etwa wie eine Vielzahl aufklingender Instrumente vorstellen.

Rhythmus macht also aus materiellen Bestandteilen bedeutungsvolle *Erregungen,* während die Figurbildungen aus materiellen Streckennetzen bedeutungsvolle *Verknüpfungen* entstehen lassen.

Alles das findet bereits im Vor-Bewußtsein statt. Dabei steht Erregung für Erlebnisfähigkeit, (Vor-)Emotionalität – und Beziehung und Aneignung (Verknüpfung) für Lernfähigkeit, (Vor-)Kognitivität.

Stellt man sich die Muster der Erregung wie eine Folge von Morsezeichen vor, so kann man sich die Muster der Verknüpfung wie ein Geflecht oder einen Baum vorstellen, der sich vielfach verzweigt und dessen Zweige mit denen anderer Bäume verbunden sind.

Übersichtskarten mit den Mustern solcher Abläufe, mit denen man die Inhalte wie mit einem graphischen Wörterbuch identifizieren könnte, gibt es (noch) nicht. Unabhängig von der Vielfalt der Emotionen und der kognitiven – exogenen wie endogenen – Inhalte und ihres jeweiligen sprachlichen Ausdrucks muß man auch davon ausgehen, daß jedes Individuum noch über ganz persönliche Ausprägungen verfügt, die sich in einer subjektiven Musterbildung niederschlagen – vielleicht eine der vielen Ursachen von Mißverständnissen. Alles das findet also bereits im Vor-Bewußtsein statt. Während die Muster selbst etwas Materielles darstellen, ist die BEDEUTUNG der Muster etwas Immaterielles.

Lassen Sie uns an dieser Stelle einmal unsere Definitionen kurz zusammenfassen:

Das Bewußtsein der Steuerung: das Psychische –
Die verantwortungsbewußte Steuerung: das Selbstbewußt-Geistige –
Die materielle Gestaltung der Steuerung nach Rhythmus und Figuration: die Muster –
Die Bedeutung der Muster: der Sinn.

In den Mustern wird Materielles zu Immateriellem, von Wahrgenommenem zu Be-Deutetem, Be-Wertetem.

Bewußtsein

Bewußtsein ist das sich Vergegenwärtigen der psychischen Abläufe.

Gegenüber den vorhergehenden Zuständen des Somatischen stellt es eine zusätzliche Fähigkeit des Zentralnervensystems dar, bei dem nicht nur erfaßt wird, *daß* etwas geschieht und *was* hier abläuft – wie die exogenen oder endogenen Reize bei der Wahrnehmung –, es findet auch ein SICH-SELBST-Gewahrwerden statt.

Bereits in der Phase des Vor-Bewußten verfügt der Organismus im Gehirn über ein »Körperbild«, eine Art neuronaler Abbildung der Körperlandschaft, in der zum Beispiel Schmerz registriert wird.

(Die Schmerzursache entsteht zwar – zum Beispiel bei einer Fingerverletzung – an der Peripherie, am Finger, aber die emotionale und kognitive Repräsentation von Ursache und Wirkung erfolgt im Gehirn.)

Auch das Sichbewußtwerden der eigenen Körperlichkeit, das Wissen um diese Körperlichkeit, ist eine Verknüpfung vielfältiger Inhalte = Muster. Im Bewußtsein erfolgt die Verknüpfung des Musters »Wissen um« mit den Mustern des »Wissen wovon«, mit dem Inhalt des Gewußten – oder kürzer: des Wissens mit dem Gewußten.

Beide Systeme funktionieren zunächst vor-bewußt und werden erst mit der Verknüpfung, als neuronaler Organisationsgestaltung, *be-wußt*.

Dabei spielen zwei neuronale Leitungssysteme eine Rolle, von denen ein jedes auch unabhängig von dem anderen funktionieren kann, die aber nur zusammen Bewußtsein ergeben:

Ein spezifischer Leitungsweg führt über thalamische Schaltkerne und drei Synapsen zur Hirnrinde. Dieser Weg arbeitet immer und ist sozusagen für die Erfassung der objektiven

Gegebenheiten zuständig. Der andere, unspezifische, geht mit einer Vielzahl von Synapsen über die formatio reticularis zum Großhirn. Dieses System arbeitet nur im Wachzustand und »macht« die subjektiven Erfahrungen.

Zur wach-bewußten Verarbeitung eines Reizes gehört die Zusammenarbeit beider Systeme.

Denken

Denken ist einmal das automatische Verknüpfen von Mustern, die figurative Erweiterung von Reizleitungen.

Wenn nicht genügend Muster vorgebahnt worden sind, können keine (erprobten) Muster angeschlossen werden. Verwertbare Innovationen setzen also erprobte Muster voraus. Beliebige Verknüpfungen beliebiger Muster, die keinen Zweckmaßstäben standhalten müssen, nennt man *kreativ*. Sie begründen »etwas«, etwas Neues, vom Bisherigen Abweichendes, Ungewohntes, aber nicht unbedingt auch etwas Verwendungsfähiges. Voraussetzung zum Innovieren, dem Schaffen von Neuem *und* Gebrauchsfähigem, ist Bildung – nämlich die vielfältige Bildung erprobter Beziehungsmuster = Bildungsinhalte.

Wenn das Gehirn noch ausbaufähig ist, dann in bezug auf weitere »Höhenspreizung«: Öffnung und Erweiterung von neuronalen Bahnen in Richtung Großhirnrinde (nach Benesch).

Denken ist zum anderen die bewußte Repräsentation der INHALTE des Bewußtseins: der Bewußtheiten, sowie deren gewollte Verknüpfung. Die Art des Denkens – als »Herstellung« von Bewuß*theit* – ist abhängig von »Grundmustern«, die als neuronale Verknüpfungen in den ersten Lebensmonaten gebildet werden.

Der Mensch wird mit etwa 15 Milliarden Neuronen geboren, und diese Anzahl nimmt nur unwesentlich bis zum dritten Lebensmonat zu. Durch eine zehntausendfache Anzahl von Querverbindungen sind diese Neuronen noch miteinander zu einem komplizierten System von Leitungsbahnen verknüpft. Diese wiederum stellen die materielle Grundlage der zuvor erwähnten Rhythmen und Figurationen dar.

Jeweils bestimmte Denkinhalte entsprechen bestimmten Mustern von erregten Leitungsbahnen.

Ein Grundgerüst von Verknüpfungen ist schon vor der Geburt genetisch festgelegt. Es bildet sozusagen den Grundstock an Denkfähigkeit, von dem alle anderen Musterbildungen abhängen.

Sowohl das weitere Zellwachstum nach der Geburt wie die – vorwiegend in den ersten Monaten, in der weiteren Entwicklung etwa bis zum Ende des dritten Lebensjahres – sich verdichtenden Verknüpfungen orientieren sich an der jeweiligen Umwelt, da ja das Individuum an diese konkrete Umwelt angepaßt sein muß.

Damit wird der kulturelle Einfluß auf die Denkmuster deutlich.

So wie die Kommunikation zwischen Individuen derselben Kultur im allgemeinen einfacher ist, weil sich die Gehirnstrukturen aufgrund ähnlicher (buchstäblich:) »Eindrücke« in den ersten Lebensjahren ähneln, kann die Kommunikation zwischen den Angehörigen verschiedener Kulturen entsprechend erschwert sein. Der Kultur-Begriff, wie er im folgenden noch dargestellt wird, macht dies besonders deutlich.

»Denkmodelle« stellen somit eine besonders komplexe Form von Mustern dar, und der Austausch von Denkmodellen ist somit eine Voraussetzung für die Kommunikation komplexer Sachverhalte vor allem über kulturelle Grenzen hinaus. Nur wenn sich die üblichen Intelligenzuntersuchungen – vor allem im interkulturellen Vergleich – auf solche ererbten und frühzeitig erworbenen Denkmuster bezögen, wären sie aussagekräftig und sinnvoll.

Für die Fähigkeit zum Kombinieren, Erkennen von Zusammenhängen und für die Gedächtnisleistungen ist die Art der Grundmuster weniger entscheidend als für die Kommunikation – also für die Wechselwirkung mit anderen Grundmustern.

Ob zwei Menschen »einander verstehen« bis hin zur Verständigung über sprachliche-, Bildungs- und Kulturgrenzen hinweg – all dies wird davon beeinflußt, unter welchen Bedingungen Grundmuster zustande kommen (Vester).

Für die Kommunikation bei komplexen Sachverhalten ist also nicht nur ein ausreichender Vorrat an gemeinsamen Denkmodellen erforderlich (Steinbuch); zur Gemeinsamkeit dieser Denkmodelle gehört es nicht zuletzt, daß auch eine ausreichende Grundlage ähnlicher DENKSTRUKTUREN besteht.

Insbesondere das Lernen, das ja sehr häufig ein Lernen von einem Menschen zum anderen ist, beruht deshalb weitgehend auf der relativen Übereinstimmung der Denkmuster.

Je nach einer solchen Übereinstimmung von Lehrer und Schüler kann also derselbe Informationsinhalt unabhängig vom Schwierigkeitsgrad mal besser, mal schlechter aufgenommen werden. Viele Lehrer und Ausbilder scheinen davon noch nicht gehört zu haben.

Ausgehend von der Tatsache, daß es eine unübersehbare Anzahl von Mischformen zwischen bestimmten Denk-Stereotypen gibt, kann man theoretisch im wesentlichen fünf Grundtypen des Lernens unterscheiden:

den visuellen – also denjenigen, der vor allem durch Anschauen lernt –
den auditiven – der vor allem durch Zuhören lernt –
den haptischen – der vor allem durch Handhabung und Nachmachen lernt –
den diskursiven – der vor allem durch Erörterung lernt,
und den abstrakt Lernenden – der vor allem durch abstrakte Repräsentation, zum Beispiel durch Formeln und Schemata, lernt.

»Gedächtnis«

Ein grundsätzlicher Unterschied besteht zwischen
Ultrakurzzeit-Gedächtnis,
Kurzzeitgedächtnis und
Langzeitgedächtnis.

Das Ultrakurzzeit-Gedächtnis hält Bewußtseinsinhalte (Bewußtheiten) nur für einige Sekunden fest, und zwar in Form von kreisenden Gehirnströmen (»rein elektrische Phase der Ionenströme«/Vester).

Diese Inhalte können jederzeit durch eine leichte Ablenkung, das heißt, durch anderweitige Reize gelöscht werden.

Das Kurzzeitgedächtnis besteht für etwa 20 Minuten. Dabei wird in den erregten Gehirnzellen Ribonukleinsäure gebildet. Zu einer »Matrize« verknüpft, lagern sich an dieser verschiedene Aminosäuremoleküle an, aus denen lange Proteinketten entstehen. Diese werden in den Gehirnzellen gespeichert und können – als »Erinnerung« – durch gezielte Signale wieder abgerufen werden.

Das somit gebildete *Langzeitgedächtnis* besteht praktisch bis zum Lebensende, wenn auch mit unterschiedlicher Abrufbarkeit der Inhalte.

Mit Hilfe chemischer und anderer Eingriffe ist es möglich, die Bildung von Langzeitgedächtnis zu verhindern und die Protein-Synthese zu hemmen. Während man das Ultrakurzzeitgedächtnis mit dem »Aufleuchten des Nachbildes« beim Sehvorgang verglichen hat, kann man im Kurzzeitgedächtnis die Herstellung und Entwicklung eines Negativs sehen. Das Langzeitgedächtnis stellt demgegenüber die Produktion und Archivierung eines Positivs dar.

Gedächtnisstörungen können in jeder Phase des Speichervorgangs eintreten: In der Ultrakurzzeit-Phase werden sie vor allem durch Überlagerung durch andere Eindrücke hervorgerufen (Ablenkung, Schock usw.), in der Kurzzeit-Phase vor allem durch Unterbrechung der Proteinsynthese. Diese beiden Formen von Bewußtheitsverlust sind endgültig.

In der Langzeit-Phase bedeutet mangelndes Erinnerungsvermögen eine »blockierte Schaltung abgeschnittener Informationen«. Nach Aufhebung der Blockade (Entspannung, Hypnose u.a.) ist das erneute Auffinden der Gedächtnisinhalte wieder möglich (Vester).

Diese physiologischen Prozesse des Bewußtseins, zu denen wir uns im folgenden Kapitel im Zusammenhang mit dem »psychischen System« noch einmal zu Wort melden, macht nachdrücklich klar, daß dem »sinnhaften Aufbau der sozialen Welt« (Schütz), der unser Bewußtsein so sehr in Anspruch nimmt, ein *zutiefst sinnhafter Aufbau der psychophysischen Welt* vorausgeht und entspricht.

Die organismische Evolution: Technik als erweiterte Leiblichkeit

Die Technik stellt uns hinsichtlich ihrer systematischen Einordnung in den Lebenszusammenhang vor besondere Probleme. Betrachten wir bereits die interzellularen Prozesse der Materie-Umwandlung und Energie-Gewinnung (zum Beispiel der Mitochondrien und Chloroplasten) als »Technik« – wie im Systemvergleich in Abschnitt I) – so ist Technik die »Arbeitsweise« des Lebens überhaupt.

Unsere traditionellen Denkmodelle haben jedoch die Vorstellung begründet, daß nur von Menschen geschaffene Technik »Technik« sei und in einem noch sehr eingeschränkten Maße auch gewisse Hervorbringungen und Verhaltensweisen bei Tieren, die man mitunter auch mit der (griech.) Bezeichnung »techné« kennzeichnet. Die Ursache dafür liegt in den historischen Stufen des Forschungs- und Erkenntnisprozesses.

Wollen wir heute jedoch unseren aktuellen Problemen in Ökologie und Ökonomie gerecht werden und das Naturgeschehen und damit auch die Rolle des Menschen komplexer begreifen, dann müssen wir das Phänomen Technik durchgehend als *die* Problemlösungsmethode in allen Bereichen des Lebens verstehen. Es gibt dann – wie immer wieder im Bereich der Natur – auch bezüglich der Technik nur *ein* Prinzip, das in unterschiedlicher Ausprägung auf den verschiedenen Ebenen der Lebenshelix wiederkehrt. Unter diesem Gesichtspunkt fällt es uns dann auch leichter, »technische« Probleme von der einen auf die andere Ebene zu transponieren und erkenntnismäßig Nutzen daraus zu ziehen.

Aber noch etwas anderes nötigt uns, unsere traditionellen technischen Denkmodelle in Frage zu stellen: Ob die Technik zwar Probleme löst, dabei dann aber mehr neue Probleme auslöst, als sie hinterher bewältigen kann, hängt nicht zuletzt davon ab, ob man von einem analytischen bzw. vorwiegend monokausalen oder einem kybernetisch-systemorientierten und damit multikonditionalen Denkmodell ausgeht.

Die vorliegenden Überlegungen orientieren sich vor allem am Prinzip der Evolution, von dem aus die Naturwissenschaften der ausgehenden Neuzeit die Natur zu beobachten und in ihren Entstehungsbedingungen zu begreifen sich bemühen. Da natürliche Prozesse nie monokausal, sondern immer multikonditional und vernetzt verlaufen, erscheint auch nur eine systemorientierte, kybernetische Denkweise als naturangemessen.

Auch die Evolution hat sich mit Hilfe zunächst tierischer, dann menschlicher Technik Millionen Jahre einer biologischen Problemlösung erspart, vor allem auf dem Gebiet des Werkzeuggebrauchs als erweiterter Leiblichkeit – beim Menschen schließlich nicht nur der Hand-werk- und Fuß-(Fahr-)zeuge, sondern auch der Kopf-Werkzeuge.

Neben der mit bloßem Auge erkennbaren interzellulären Technik findet Technik bereits bei sehr frühen Formen der Tierwelt statt (Fische, Spinnen, Insekten, Vögel) – hier vor allem als Nestbau, Netzbau, Fallenbau – bis hin zum Werkzeuggebrauch (Vögel, Säugetiere).

Dabei stellen sich bei Mensch und Tier die technischen Produkte wie die Verwendung vorgefundener (und beim Menschen dann auch angefertigter) Werkzeuge als extraorganismische Erweiterungen dar.

Am deutlichsten wird dies bereits im Nestbau zur Aufzucht des Nachwuchses, womit sich die betreffenden Tierarten eine Art künstlichen Uterus schaffen und die Tragezeit außerhalb ihres physischen Leibes fortsetzen. Damit sind Nest und Höhle zwar nicht physischer, wohl aber materieller »Leib«: mal als Gebärmutter (Nest und Höhle), mal als erweitertes Sensorium (Spinnennetz), um die Annäherung einer Beute wahrzunehmen, mal als Falle (Ameisenlöwe) und somit als vorgeschobenes Greiforgan, mal als »Bau«, also als äußerste (Leibes-)Hülle zum Schutz gegen Feinde und Witterung.

Die Bauten der Ameisen und Termiten können wir geradezu als wesentlichen Bestandteil des Gesamtorganismus betrachten. Sie dienen nicht nur als »Behausung« der mobilen Einzelzellen, als Schutz und Außenhaut (Wiederholung des Prinzips äußerer Stabilisierung), sondern üben für das Ganze auch solche Funktionen aus, die wir bei anderen Organismen in den oberen Luftwegen wiederfinden oder die zur Aufrechterhaltung der Körpertemperatur des Gesamtorganismus (Bau) wichtig sind.

Diese Organismen pflanzen sich durch Teilung fort, indem sich Zellgruppen anderenorts in neuen Bauten (Leibeshüllen) selbständig machen, und was wir als Eierproduktion und Brutpflege im Inneren der Bauten beobachten, stellt eher die Zell-Vermehrung als die Organismus-Vermehrung dar. Für die Stöcke der Bienen gilt dasselbe in eingeschränktem Maße: Sie schaffen sich zwar nicht die Außenhaut, wohl aber die Innenstruktur ihres vorgefundenen »Leibes« (hohle Bäume, Stöcke der Imker).

Bedienen sich Tiere zu ihrem Schutz wie zur Sicherung ihrer Nahrungsgrundlage besonderer vorgefundener Gegebenheiten – das kann sowohl eine Höhle zum Schutz beim Winterschlaf (Bär) oder eine nur zubereitete Nisthöhle mit ausgelagerter Nahrungsmittelreserve (Eichhörnchen) oder mit eingebauter »Speisekammer« (Hamster) sein –, so ist das sicher auch erweiterte Leiblichkeit, wobei sich der Bär, wie viele andere Arten, die winterliche Nahrungsmittelreserve rechtzeitig unmittelbar einver-leib-t hat.

Technik ist von ihrer frühesten Form an der entscheidende Schritt von der Anpassung an die Umwelt zur Veränderung dieser Umwelt, also keineswegs grundsätzlich nur eine Folge menschlicher Lebensbewältigung.

Das Prinzip bleibt immer das gleiche, ob wir dabei die intrazelluläre Technik im Auge haben oder industrielle Großtechnik: Immer geht es um materielle Umsetzung bei Energieverbrauch – der Unterschied liegt lediglich in der Komplexität des Vorgangs. Dabei arbeitet die Technik, solange sie noch Biotechnik ist, wesentlich ökonomischer als die wesentlich komplexere industrielle Technik des Menschen, die nichtsdestoweniger ebenfalls »Natur« ist.

Durch die Forschung im Bereich der Mikrobiologie, der Biochemie und Biophysik der Zellen wird uns deutlich, wie »technisch« sich alle Vorgänge schon im allerkleinsten entwikkelt haben und unsere Unterscheidung in Biotechnik (Bionik) und Technik im bisherigen Verständnis lediglich von der Unkenntnis der Vorgänge und Zusammenhänge bestimmt gewesen ist.

Vergleichen wir die in einer Zelle arbeitenden Chloroplasten, die »Elektromotoren« der Photosynthese, mit unseren industriellen Kraftwerken, so sind vor allem zwei Aspekte auffällig: Die biotechnischen Einrichtungen arbeiten mit denselben chemischen Elementen wie die Makrotechnik, aber ihr Wirkungsgrad ist eher größer als im makrotechnischen Bereich.

Um Technik *sinnvoll* einzuschätzen, sollten wir deshalb lediglich in »natur-angemessen« und »natur-widrig« unterscheiden. Zu letzterem würden vor allem diejenigen Techniken gehören, die mehr Probleme heraufbeschwören als lösen.

Menschliche Technik: »Der aktuelle Stand der Evolution«

Verfolgen wir den Weg der menschlichen Technik, so gelangen wir auf ganz andere Weise als bisher wieder zu der Erkenntnis, daß die Evolution anthropisch, das heißt, auf den Menschen zugelaufen ist und dieser die bisher letzte, aber sicher nicht endgültige Entwicklungsstufe darstellt.

Haben sich die werkzeugbenutzenden Tiere mit vorgefundenen Objekten begnügt, so dauerte es beim Menschen einige hunderttausend Jahre, bis er diese Werkzeuge zu bearbeiten lernte, um sie einerseits hand-gerecht wie zweck-mäßig zu verändern. Wir müssen dies – wie auch die folgenden Entwicklungssprünge – aus der Sicht evolutionärer Zeiträume als Fulguration, als blitzartige Erleuchtungen, betrachten.

So stellt der Übergang zwischen dem geworfenen Stein und dem mit einer Schleuder geworfenen Speer einen solchen

Einfall, einen solchen Gedanken-Sprung dar, und zwar sowohl was die Herstellung der Schleuder, so einfach sie ist, wie das »Begreifen« des ballistischen Vorgangs angeht.

Ist schon der Übergang vom behauenen Faustkeil zum durchbohrten Stein (Steinaxt) gewaltig, wobei die Fulguration in dem Mechanismus des Bohrens liegt (die ersten Steinklingen waren noch zwischen den gespaltenen Stil geklemmt und dort festgebunden) – so darf angenommen werden, daß in derselben innovativen Epoche auch die Entzündung des Feuers mit Hilfe des Holzbohrers/Drillbohrers erfunden worden ist. Vorausgegangen war der »prometheische« Akt der Feuernutzung als ein geradezu riesiger Komplex aus Angstüberwindung gegenüber der physikalischen Erscheinung des Feuers, Reduzierung magischer Impulse, Erfahrung mit der Feuereinwirkung vor allem auf die Nahrungsmittel, Technik des Feuermachens und der Hütung des Feuers – aber auch der Verhütung des Feuers und somit Schutz vor dem Feuer.

Die Verwendung zunächst nur gerösteter (gegrillter) und später gebratener und gekochter Nahrung erbrachte durch die dabei erfolgende chemische Aufspaltung der Nahrungsmittel eine ungleich größere Energieausbeute und verbesserte damit die Überlebenschance des einzelnen erheblich.

Eine weitere Fulguration in der Steigerung der physischen Energien stellten die bereits erwähnte Speerschleuder und dann Pfeil und Bogen dar.

Erstere fügt der Hebelwirkung des gestreckten und der Impulswirkung des sich zusammenziehenden und wieder streckenden Armes noch die Hebelwirkung der Schleuder hinzu – offenbar als Ausfluß der Erfahrung mit der Steinschleuder – letztere bedient sich der Schleuderwirkung der zurückfedernden Bogensaite. Alles dies beruht auf der analysierenden Beobachtung und komplexen Nutzung von Naturereignissen, die ein Vorstellungsvermögen voraussetzen, das in der Lage ist, Zusammenhänge zu überschauen und nicht nur mögliche, sondern *wahrscheinliche* Ergebnisse vorwegzunehmen.

Es erübrigt sich, die weiteren fulgurativen Stationen der technischen Erfindungen zu skizzieren. Bemerkenswert ist, daß sie zeitlich immer schneller aufeinander folgen – ein Bild, das auch die biologische Evolution der Arten selbst kennzeichnet.

In einem Hunderttausendstel der Zeit seit dem behauenen Faustkeil findet die ganze technische Entwicklung vom Schwarzpulver bis zur Weltraumrakete statt! In derselben sich unerhört steigernden Weise hat die Evolution auch in einem Tausendstel der Zeit seit den ersten lebendigen Großmolekülen die Entwicklung vom Menschenaffen bis zum Menschen vollzogen. Evolution ist »bei näherer Betrachtung«: *Eruption* – »vulkanartiger« Ausbruch innewohnender Möglichkeiten.

Magie als Psychotechnik

Jahr(zehn)tausende hat die Magie als Ausdruck menschlicher Technik vorgeherrscht. Auch sie ist keine »übernatürliche« Technik. Im Gegenteil, nichts ist so natürlich wie die Technik der Magie, in der Natur wirksame Kräfte zu mobilisieren und auf ein Objekt zu richten: die Kräfte der Fruchtbarkeit und des Heilens, aber auch die zerstörerische Gewalt unheilvoller Mächte. Wenngleich es dabei auch nach unserer heutigen Erkenntnis nicht gelingt, Kräfte außerhalb des Individuums nutzbar zu machen (zum Beispiel im Regenzauber), so gelingt es doch, Kräfte in einem Menschen zu mobilisieren und in einer gewünschten Weise einzusetzen: Die Psychotechnik ist also offenbar nicht viel jünger als die Gerätetechnik.

Psychotechnik setzt eine ganz bestimmte innere Einbindung in einen hochkomplex erlebten Lebenszusammenhang voraus. Sie bedingt eher mehr Erfahrungen mit den Naturkräften – als der Vorstellung eines Geschehens *in* den Dingen –, als sie der heutige Durchschnittsmensch parat hat, wenngleich auch diese Erfahrungen im naturwissenschaftlichen Sinne nicht zutreffend interpretiert werden. Wir könnten als Denkmodell auch von einer »magischen Theorie« der energetischen Zusammenhänge in der Natur sprechen, die dem Menschen vor vielen zehntausend Jahren ebenso ein Problem waren wie uns heute.

Dabei ist die umfassende Mobilisierung psychischer Energien dem Menschen eher gelungen als die umfassende Nutzung physikalischer Energien.

Gerade der mit dem Begriff »Magie« umschlossene Komplex zeigt die weiträumige Vernetzung natürlicher Phänomene: biologische Beobachtung, physikalische Erfahrung im Umgang mit technischen Prozessen, insbesondere das Erlebnis des Phänomens »Kraft«; Introspektion als Sich-Bewußtmachen innerpsychischer Vorgänge, Reflexion als Widerspiegelung im eigenen Selbst und Übertragung auf andere, Imagination als Vorstellungsvermögen, produktive Phantasie, Innenschau von Zusammenhängen und Vorwegnahme von Ereignissen, dazu das psychologisch vieldimensionale Problem des Glaubens, der Raum, Zeit und Richtung von Entwicklungen in einer rein imaginativ-emotionalen Dimension erschließt, die sich äußerer Nach- und Beweisbarkeit entzieht (siehe auch Abschnitt IV).

Vom Hand-Werkzeug zum Kopf-Werkzeug

Die »nicht festgelegten« Instrumente des Menschen – Hand und Hirn – haben die Technik des Lebens beim Menschen in einzigartiger Weise aus- und fortentwickelt.

Huf, Kralle, Klaue, Tatze, Flosse, Flügel... alle tierischen »Werkzeuge« sind – bis auf die menschenähnliche Hand des Affen – so spezialisiert, daß sie nur für einen engbegrenzten Zweck eingesetzt werden können.

In Verbindung mit seinem Hirn, das zur bewußten Vorwegnahme von Versuch und Irrtum befähigt und die Hand in vielfältiger Weise zu steuern vermag, ist der Mensch der »Werkzeugmacher« unter den Lebewesen und der bewußte Werk- und Welt-Gestalter. Hirn und Hand, Selbstbewußtsein und Technik, haben ihn zur bisher weitestentwickelten Lebensform werden lassen.

Aber der Mensch ist nicht nur »Zeug«macher (schließen wir darin einmal die Handwerk- wie die Wasser-, Land-, Luft- und

Raumfahr-Zeuge mit ein) – er hat inzwischen auch den Organismus selbst nicht nur erweitert, sondern in Teilen sogar ersetzt.

Die Herz-Lungenmaschine, die künstliche Niere, das mechanische Herz und vieles andere sind bereits Selbstentwicklung menschlicher Organe mit technischen Mitteln, ebenso wie die technischen Überlebensorgane für Druckausgleich und Atmung zum Aufenthalt in den Meerestiefen wie im Weltraum. Die derzeitigen Eingriffe in die biologischen Steuerungszentralen mit Hilfe der Gen-Technik sind der neueste, aber sicher nicht der letzte Schritt in dieser Richtung.

Daß der Kopf dabei nicht »verschont« bleiben konnte, liegt nahe.

Stellte die Schrift – ein Musterbeispiel für den sichtbaren Ausdruck vernetzten Denkens (Abstraktion der Zeichen, Systemzusammenhang ihrer Bedeutung usw.) – eine erste, noch bio-organismische Unterstützung des Gehirns dar im Hinblick auf die inhaltliche *Speicherung und Verfügbarkeit* von Bewußtheiten, so brachten die ersten Rechenmaschinen (bei den Chinesen und Römern) eine weitere Unterstützung, diesmal im Hinblick auf die innere Größen- und Beziehungsrepräsentation, die wir Rechnen nennen.

Die Mechanisierung solcher Kopfwerkzeuge (Pascal 1652) kann man geradezu als letzte »Fingerübungen« ansehen, bevor eine Evolutionssekunde später, nach dem ersten Drittel des 19. Jahrhunderts, der Computer – man muß geradezu sagen – geboren wird.

Wie »lange« ein solcher Geistesblitz tatsächlich dauert – die technischen Voraussetzungen für elektrische Rechenmaschinen waren de facto bereits seit hundert Jahren verfügbar – ist uns Zeitgenossen wohl bewußt. Dabei vollzog sich die Realisierung mit jenen Riesenschritten, die wir in den jüngsten Phasen der sogenannten »technischen Revolution« feststellen können.

Die Computerentwicklung ist für sich genommen ein Beispiel für die *sich selbst* entwickelnde Technik, bei der eine Problemlösung die nächste nicht nur nach sich zieht, sondern in Ansätzen bereits enthält.

Die Mikroprozessor-Technik auf Siliciumbasis macht deutlich, daß die Natur in diese Phase der Weiterentwicklung ihres bislang höchstentwickelten Organs »Hirn« eingetreten ist, ohne ein neues Gestaltungsprinzip und ohne ein neues Material, ja nicht einmal unter Verwendung von sehr seltenen oder nur schwer verfügbaren Materialien. Im Gegenteil: Das »grauschwarz glänzende, spröde Halbmetall« findet sich massenhaft »in anorganischen Mineralien wie Ton, Sand und Gesteinen«. Sein Bau läßt es als »engsten chemischen Verwandten des Kohlenstoffs erkennen, dem Silicium noch weit mehr gleicht, als man bisher angenommen hat«.

»Sich selbst entwickelnde Technik« heißt zwar nicht »lebendige« – wohl aber »natürliche« – Technik. Als Kriterien für Leben gelten noch immer

Stoffwechsel (mit Hilfe selbst-mobilisierter Energie),
Reproduktionsfähigkeit,
Mutationsfähigkeit:

»Ein System lebt, wenn es zur Evolution durch natürliche Auslese fähig ist.«

Die technischen Hervorbringungen unserer Zeit sind als Weiterentwicklungen der menschlichen Leiblichkeit außerhalb unseres Organismus und (nur) in diesem Sinne die Fortsetzung der Evolution mit anderen als nur biologischen – aber nach wie vor natürlichen – Mitteln; denn:
nicht nur der Mensch ist Natur, sondern auch seine Technik.

Technik ist – trotz aller Probleme, die sie uns heute ökologisch und ökonomisch aufgibt – der sinnreiche Ausdruck der Evolution und damit auch unseres Lebens als Eindringen in alle erreichbaren Räume und Entwicklung aller dem Menschen eingeborenen Fähigkeiten.

Systeme und kybernetische Prozesse

In diesem Zusammenhang sollten wir auf die anfangs behandelte System-Problematik zurückkommen: Unter bestimmten Bedingungen funktionieren Systeme nämlich wie kybernetische, also gesteuerte bzw. sich selbst steuernde Prozesse.

Bio-Systeme können wir als »geordnete Wirkungsgefüge« unterschiedlicher Teile betrachten. Für sie als lebensfähige offene Systeme gelten die »gleichen Grundphänomene, die von den kleinsten Mikrodimensionen bis hinauf in den Kosmos immer wiederkehren« (Vester).

Unsere erlebbare Wirklichkeit stellt sich als ein Netz von verschachtelten Systemen dar (vorn hatten wir an die »Puppe in der Puppe« erinnert), wie auch unser Denken ein »Netz« von Mustern, von ineinander geschachtelten Denkmodellen ist.

Im Aufeinander-Angewiesensein aller Teile, Subsysteme und Systeme – wie wir es bei den unterschiedlichsten System-Typen feststellen konnten – offenbart sich der Sinn dieser Systematisierung:

Als erstes gilt es *die Lebensfähigkeit des Systems* zu erhalten und als nächstes
seine *Dienstleistungsfähigkeit* zu wahren und gegebenenfalls zu steigern.

»Im biologischen Sinne bedeutet dabei die Erhaltung der Lebensfähigkeit, das Überleben, mehr als bloßes Vegetieren. Es schließt auch die Weiterentwicklung, Entfaltung und Evolution eines Systems wie seiner Glieder ein« (Vester). Wir müßten dem noch hinzusetzen, daß Evolution und Wachstum keineswegs ein »Immer-größer-Werden« bedeutet, möglichst ungehemmte Expansion.

Im Gegenteil: Evolution heißt ja Entwicklung *aller* eingeborenen Möglichkeiten, und dazu gehört auch, falls erforderlich, Anpassung als »Gesundschrumpfen«, Zurückhaltung im Größerwerden zu Zeiten, in denen »Größe« das Überleben nur erschwerte, ja sogar Reduktion bereits erreichter Komplexität.

Das trifft für einfachste Pflanzen ebenso zu wie für soziale Groß»organismen«. So gibt es Pilze, die bei ungünstigen Lebensbedingungen sich solange zu Flechten »zurück«-entwickeln, wie es zur Vernunft von Wirtschaftsunternehmen gehörte, dann auf Expandierung zu verzichten, wenn sonst die Überlebenschancen gefährdet sind. Auch so manchen politischen Organismen wäre es besser bekommen, wenn sie rechtzeitig auf Expansion verzichtet hätten (siehe hierzu auch Ergänzungen/Anhang).

III
Kultur als Sinn-Ausdruck

Die kulturelle Evolution

So wie Systeme nur durch ihren Sinn erklärbar sind, so wird auch der Mensch nur erklärbar durch den Sinn seines Daseins. Was der Mensch *ist* – das ist an den Ausprägungen seines Psychophysikums ablesbar; wessen der Mensch fähig und *wozu* der Mensch *da* ist – das ist an den Wirkungen seines »psychisch-geistigen Systems« (siehe Abschnitt VI) ablesbar: an seiner Kultur.

Übliche Kennzeichnungen einer Kultur bzw. Kultur-Epoche haben sich vor allem an Produkten orientiert, wobei das jeweils archäologisch wie technisch hervorspringende *Material* zum Leitbegriff geworden ist (Stein-Zeit, Bronze-Zeit, Eisen-Zeit); bei einer weiteren Differenzierung haben dann die Hervorbringungen selbst oder typische Fundorte Pate gestanden: Großsteingräberleute, Glockenbecherleute, Hallsteinkultur u.a. bzw. typische Muster, Bandkeramik, Schnurkeramik usw. Das zweite Kriterium, das vielfach mißverstanden und deshalb um so heftiger bekämpft wurde, ist die Kultur-Seele. Nichtsdestoweniger spannt sich die Möglichkeit, Kultur zu verstehen, zwischen diesen beiden Begriffen: Technik und »Seele« – richtiger Technik und psychisch-geistiges System. Wie die Denkmodelle ausweisen, sind Technik und Geist keine Gegensätze, sondern Begriffe unterschiedlicher Determination – bezogen auf ein und dasselbe Grundphänomen: die Evolution in der Phase des Menschen.

Technik hatten wir als Problemlösungsverfahren bereits in der menschlichen Zelle »am Werke« gesehen und »Geist« als die Verantwortung für die Steuerung des menschlichen Organismus – und damit auch für seine Werke im weitesten Sinne – erkannt.

Die unmittelbare Verbindung zwischen beiden finden wir in dem Phänomen der »Kultur«. Diese tritt uns dabei als *Ausdruck* des konkreten Sinn-Verständnisses gegenüber, als *verwirklichter Sinn.* Demgegenüber erscheint uns Religion als Ausdruck der Sinn-Suche, als *Suche nach dem Über-Sinn.* Dabei sollten wir jede Aussage über »Kultur« immer als Momentaufnahme aus einem permanenten Prozeß verstehen, denn auch für die Kultur gilt das Wort des Heraklit: »Alles fließt«.

Was an Sinn im Rahmen eines bestimmten kulturellen Systems über-individuell und inter-individuell sein kann, macht die Kultur selbst uns deutlich. Dabei liegt das WOZU in der Kultur nicht in den verschiedenen Formen der einzelnen Epochen, sondern in dem Geist, der alle Epochen beherrscht. Immer ist es derselbe: »des Menschen Geist«, von Gottfried von Straßburg bis Gottfried Benn, von Dürer bis Dali und von Leonardo bis Wernher v. Braun.

Dabei steht das Sakrale neben dem Banalen, die Kunst neben dem Kitsch, das Wichtige neben dem Belanglosen. Alles gehört dazu, das Konstruktive wie das Destruktive. Auch befindet sich nicht alles auf derselben Entwicklungsstufe, es gibt Wurzeln, Stamm und Äste, junge wie absterbende Triebe, dabei stirbt manches ab, noch ehe es etwas erkennbar Wesentliches beigetragen hat, und einiges ist auch erkennbarer »Wildwuchs«.

Was für den einzelnen sinnvoll ist, kann nur er selbst entscheiden. Ob ein ganzes Leben als sinnvoll angesehen werden kann, wird oft erst an dessen Ende auszumachen sein. Dasselbe gilt auch für eine Kultur. Wie schließlich der Sinn einer Kultur erlebt wird, das kann rational wie emotional wiederum nur von ihren Angehörigen selbst formuliert werden, und dabei muß man auf sehr individuelle Einschätzungen gefaßt sein. Den Sinn einer ganzen Kultur schließlich zu bestimmen, ist wohl überhaupt nur aus großem zeitlichen Abstand möglich, ähnlich dem, der uns heute von der alten ägyptischen oder griechischen Kultur trennt. Das Irrationale am Kulturverständnis – was wir zuvor mit dem Begriff der Kultur-Seele bezeichnet haben –, das spürt man allein im

Fühlen, Hoffen, Glauben und Sehnen in einer Kultur... wie überhaupt in jenem Immerweiter-Suchen, das geradezu zum Ausdruck unserer eigenen europäischen Kultur in allen ihren Bereichen geworden ist, in der Wissenschaft wie in der Wirtschaft, in der Kunst wie in der Technologie.

»Sinn« von (etym.) sintha = »Reise, Weg, Erfahrung« ... »hinter etwas kommen«, Wahrnehmung als Erfahrung der eigenen *Wahrheit: das, was einem zukommt.* Der Begriff »Sinn« ist ein typischer Ausdruck *unseres* Kulturbewußtseins und der »Wille zum Sinn« (Frankl) ein typisches Anliegen unserer Kultur, und es ist noch gar nicht gesagt, ob andere Kulturen es mit der Sinn-Erfahrung ähnlich halten.

Die Herausforderungen, die in den einzelnen Situationen des Daseins liegen, bezogen sich in der Frühzeit des Menschen in erster Linie auf das bloße physische Überleben. Das entsprach auch seiner psychisch-geistigen Entwicklung. In dem Maße, in dem die bewußte Steuerung des Menschen auch selbst-bewußte Verantwortung ausprägte, wurde auch sein spezielles Gefühl für Sinn demonstriert: als Kultur.

Kennzeichen jeglicher Kultur sind die jeweils typische Art ihrer Probleme und die typische Methode ihrer Lösungen als Reaktion auf die unmittelbaren Überlebensbedingungen des jeweiligen Raumes. Das Grundproblem – systemtheoretisch ausgedrückt: der Sinn des Systems »Kultur« – ist zwar überall dasselbe: *Überleben und Dienstleistung an dem übergeordneten System,* in diesem Fall der Evolution. Aber die Zwecke, die dazu allenthalben erfüllt werden müssen, unterscheiden sich erheblich. Das Eismeer stellt an die Eskimos andere Forderungen als die libysche Wüste an die Tuaregs, und im vegetativen Überfluß tropischer Gebiete kann Wiedergeburt als Fluch erscheinen, während ein Fortleben nach dem Tode in den kargen Gebieten nördlicher Tundren bis in die gemäßigten Zonen hinein als Ausgleich irdischer Mühsal geradezu notwendig erscheint. Nicht überall wird die Sonne als lebensspendendes Element erlebt und Fruchtbarkeit als ein Segen; ja das Leben selbst kann als ein Fluch erscheinen, Wiedergeburt als eine Prüfung und ewiges Leben keinesfalls als glücklichste aller Verheißungen.

Überleben findet bei dem »dreidimensionalen Wesen Mensch« immer in allen Dimensionen zugleich statt: in den physiologischen Abläufen und deren meist bewußter Steuerung wie in deren geistig bestimmter Verantwortung oder einfacher ausgedrückt: in der Praxis und ihrer Rechtfertigung.
Kultur ist die Demonstration dieser Praxis wie zugleich ihrer Rechtfertigung – Sinn-Ausdruck.

Gegenüber anderen Kulturen, von denen man einige geradezu als »geschlossene Systeme« mit negativer Rückkoppelung und somit als immobil und traditionsgeleitet bezeichnen kann (wie zum Beispiel die schon einmal erwähnte altägyptische, um ein extremes Beispiel zu nennen, oder andere mit vorwiegend geistig-kontemplativen Problemlösungen wie die indische vor dem Einbruch der abendländischen Technik), wird unsere Kultur durch ihr Problemlösungs-Prinzip »Technik« gekennzeichnet.

Auch wenn man als zutreffend unterstellt, daß auch die KULTE in einer Kultur ein wichtiges Leit-Element darstellen, müssen wir uns fragen, welche Kulte für unsere »atlantische« Kultur charakteristischer sind: die religiösen Kulte der Kirchen und Sekten, die ideologischen der Parteitage und ideologisch begründeten Demonstrationen oder der Kult der Technik, wie er in den motorisierten Massen-Karawanen zum Ausdruck kommt, wenn sich ganze Nationen mit Flugzeug und Pkw auf die Reise begeben: sintha – SINN – Reise, Weg, Erfahrung...

Kulturen, so hatten wir zuvor gesagt, sind Gruppen von Menschen, die an bestimmten technischen und psychisch-geistigen Problemlösungen von anderen unterschieden werden können.

Da Sinn-Suche im allgemeinen Sinn-Findung herausfordert – wie jede Frage nach einer Antwort drängt –, stellen die jeweiligen Problemlösungen das kennzeichnende Merkmal für die Sinn-Problematik einer Kultur dar.

Treten dabei technische Lösungen zurück, erscheint uns eine solche Kultur vielleicht um so »geistiger«, dabei nicht selten als mystisch-magisch, animistisch. Auf den »psycho-technischen«

Charakter gerade des Magischen war vorn bereits verwiesen worden.

Wertbezogen-qualitative Unterscheidungen von Kulturen im Hinblick auf ihren jeweiligen technischen Entwicklungsstand in unserem Sinne, selbst im Sinne eines »entwickelt« oder »un(ter)entwickelt«, sollten als unangebracht gelten, denn vom Standpunkt des Überlebens und des Wie-Überlebens kann es nur ein »gut angepaßt« oder »weniger gut angepaßt« geben. Dabei spielt das Kriterium des materiellen Aufwandes – und das heißt auch immer des Energie-Aufwandes – eine große Rolle. Der Amazonas-Indianer, der »aus dem Lande« mit einem minimalen Energieaufwand lebt, ist an die situativen Herausforderungen seiner Umwelt besser angepaßt als ein dorthin verschlagener Weißer, der auf komplizierte, energieaufwendige technische Hilfsmittel angewiesen ist; aber zur Kultur der Weißen gehören auch andere Erwartungen, die nicht am Amazonas entstanden sind.

Bezogen auf das evolutionäre Kriterium »Ausbreitung des Lebens in alle erreichbaren Räume« ist wiederum der hochtechnisierte Weiße jedem anderen überlegen, weil er mit seinen Mitteln ebenso in die Tiefsee wie in den Weltenraum vorstoßen kann, der Amazonas-Indianer oder Eskimo aber nicht. Die Welt des technischen Menschen ist physisch weiträumiger, während die Welt des weniger technisierten Menschen im Einzelfall psychisch-geistig weiträumiger sein mag.

Bezogen auf unser Paradigma »Evolution« könnte man also sehr wohl unterscheiden zwischen:

evolutions-retardierten und
evolutions-offenen Kulturen bzw. kulturellen
Problemlösungen.

Kontemplative oder meditative Problemlösungen, die das menschliche Heil in der Überwindung des irdischen Daseins, in der Erlösung im Jenseits oder im Eingehen in das Nichts, in das Nirwana, sehen, sind vor allem untechnischen Kulturen eigen, weil Technik zu *jener* Art von Problemlösung nicht erforderlich ist.

Andererseits wäre es unsinnig, durch das Vorherrschen des Mystisch-Kontemplativen bei solchen Problemlösungen auch auf ein Vorherrschen des Geistigen zu schließen, denn auch die technische Lösung bedarf des Geistes: als Anstoß der innovativen Lösungssuche und als deren verantwortungsvolle Kontrolle.

In dem Maße, in dem menschliche Technik die usprüngliche Effizienz menschlichen Handelns überproportional steigert, muß bewußt praktizierte Verantwortung an die Stelle jener Kontrollen treten, die bis dahin von der automatischen Steuerung der Instinkte wahrgenommen wurde. Schon die ersten Menschen, die des Feuers mächtig geworden waren, mußten mit diesem überproportionalen Machtmittel vorsichtig umgehen, ebenso wie die Erfinder des Faustkeils oder gar der Speerschleuder, vorsichtig durchaus im Sinne der Evolution.

Lassen wir einmal offen, ob es beim Feuer zunächst die Angst vor der Sache selbst und dann bei den weiter entwickelten Waffen und Werkzeugen die Angst vor den Konkurrenten war, die von Anfang an den Einsatz technischer Mittel durch Wettbewerb in Grenzen gehalten hat, denn die totale Herrschaft einiger weniger kann nicht im Sinne der Evolution liegen. Die Evolution hat zwar die Entwicklung zum Individuum durch die Herausbildung des Bewußtseins herbeigeführt, dabei jedoch den sozialen Verband als Existenzgrundlage durch die Entwicklung von Gesellschaftsbewußtsein noch verstärkt, denn Vergesellschaftung ist vom Beginn des Lebens an eine der wesentlichsten Stützen der Überlebensfähigkeit aller biologischen Arten gewesen. Soziale Systeme bedürfen zu ihrem Überleben und ihrer Weiterentwicklung nicht nur der körperlich Starken, sondern auch der Innovationsfähigkeit und somit auch der psychisch-geistig Hochleistungsfähigen, die nicht immer mit den Stärksten identisch sind. Aus diesem Grunde sind sie auf die Diversität der Ideen ebenso angewiesen wie die biologischen auf die Diversität der Arten.

In dem Augenblick, in dem der Mensch aus der Sicherheit der Instinktwelt ausbrach und Technik das Kennzeichen seiner neuen Selbststeuerung wurde, mußte Rücksicht nun das Kennzeichen seiner neuen Selbstverantwortung werden. Ethik, Moral, Humanität, die verschiedenen Rechtssysteme von den Tafeln des Hammurabi bis zur Haager Landkriegsordnung und der Ächtung der chemisch-biologischen Waffen sind machtausgleichende Phänomene, die Technik in den Grenzen des vom Menschen Beherrschbaren halten sollen.

Als drittes, eine Kultur kennzeichnendes Element müssen wir nun auch das Ausmaß ihrer Verantwortung gegenüber der Evolution selbst vermerken. Nehmen wir dieses Kriterium ernst, erscheinen manche evolutions-retardierten Kulturen in einem neuen Licht.

Dabei ist bemerkenswert, daß das Bewußtsein von technischer Entwicklung und verantwortungsvoller Kontrolle durchaus nicht bei allen Individuen in ein und derselben technischen Kultur vorzufinden ist. Überspitzt ausgedrückt: Nicht alle Techniker sind auch verantwortungsbewußt, und viele Verantwortungsbewußte verstehen nichts von Technik. Solange jedoch die Kultur noch als System intakt ist, hat das weniger zu bedeuten, denn in einem System wirken alle Einflüsse auf alle Bereiche dieses Systems zurück, und es geht schließlich stets um das Überleben des Ganzen.

Das vielfältig anzutreffende Phänomen, daß das Leben keinesfalls nur in seiner letztentwickelten – und im Sinne der Evolution am weitesten entwickelten – Form existiert, ist sicher kein Zufall, sonst gäbe es weder Tiere noch Pflanzen. Natur als bloße Nahrungskette könnte erheblich karger ausfallen als unsere heute noch existierende Fauna und Flora. Jede Lebensform birgt vielmehr einen immensen Schatz an evolutionärer Erfahrung, deren Entkodierung für uns eine immerwährende Herausforderung und ungeheure Chance bedeutet – man denke nur an die Heilpflanzen oder die Unzahl von »technischen« Problemlösungen, die von der Natur verwirklicht worden sind und denen wir in Konstruktion wie Materialbeschaffenheit noch nichts Gleichwertiges entgegenzusetzen haben. So wie auch der Mensch in ganz erheblichem Maße ein noch instinktabhängiges Wesen ist und keinesfalls in allen Situationen auf der Höhe seines intellektuellen und geistigen (= Verantwortungs-) Niveaus, so denkt und existiert auch die Menschheit nicht in allen ihren Teilen nur unter technisch höchstentwickelten Bedingungen.

Die Einsicht, daß eine hochentwickelte Kultur evolutionskonform auf Eindringen – auch psychisch-geistig – in immer neue Räume gerichtet ist, darf uns nicht zu der Annahme verführen, daß ihre Vorhut, ihre Spitzen, keinen entsprechenden – auch untechnischen – Unterbau benötigten, im Gegenteil: Gerade die moderne elektronische Hochleistungstechnik wird zwar nur von einer zahlenmäßigen Minderheit praktiziert, bedarf aber einer immer breiter werdenden psychisch-geistigen und wirtschaftlichen Basis. Auch eine Kultur ist keine »Einheit«, kein homogenes Gebilde, sondern eine Ganzheit, ein vielfältig ineinandergeschachteltes »Sinn-System« mit unterschiedlichen Teilen und Aufgaben.

Evolution vollzieht sich innerhalb einer Kultur *sichtbar* immer nur an einigen wenigen und auch immer nur dann, wenn das ganze System darauf vorbereitet ist, denn das ganze System wird ja von diesen »Mutationen« stimuliert, und das ganze System ist Lebensgrundlage der evolutionierenden Teile.

So wie Kultur *Sinn-Ausdruck einer vielfältigen Lebensgemeinschaft* ist, ist ihre Evolution – als Veränderung der wenigen – auch immer das *Wechselspiel zwischen den Teilen und dem Ganzen.*

Sinn: Grundbegriff des Gesellschaftlichen

Im vorliegenden Text haben wir »Wirklichkeit« von Anfang an als sinn-voll strukturierte Gegebenheiten kennengelernt, wobei uns das Denkmodell »System« mit der Unterscheidung von Sinn und Zweck nicht nur bestimmte Zusammenhänge, sondern auch unterschiedliche Rollen und Aufgaben von System-Bestandteilen verdeutlicht hat. Dabei waren wir von der These ausgegangen, daß *alle Systeme auf Sinn angelegt* seien.

Das besagt mehr als »Systeme sind sinnvoll«. »Auf Sinn angelegt« bedeutet, daß die Systemstruktur dieser Welt zugleich *Ausdruck* – Erweis – der Sinnhaftigkeit der Welt sei. Erweis ist nicht Beweis. Erweis weist nach, was ist – Beweis weist nach, was behauptet worden ist.

Über »die Welt« und die Evolution lassen sich sowohl Feststellungen treffen, die auf Beobachtungen beruhen, wie Rückschlüsse ziehen, die als Hypothesen gelten müssen. Mit anderen Worten: es läßt sich mal etwas nachweisen und mal etwas beweisen. Die Theorie vom Urknall zum Beispiel ist eine Hypothese.

Unsere Aussage von der Sinnhaftigkeit dieser Welt hingegen ist keine Hypothese, sondern beruht auf Beobachtung. Unterschiedliche Wissenschaften haben in der Welt des Kleinsten wie des Größten soviel Gesetzmäßigkeit, soviel Berechenbarkeit, soviel Aufeinander-Bezogensein nicht er-, sondern vorgefunden, daß die Feststellung begründet ist, diese Welt sei auf Sinn angelegt. Ordnung, Gesetzmäßigkeit, Berechenbarkeit schließen Willkür aus. Die Gravitationskonstante sieht heute so aus wie gestern und morgen.

Wir hatten zuvor schon einen Unterschied zwischen Sinn und *Übersinn* gemacht. Der erstere offenbart sich in dem offensichtlich Geordneten dieser Welt, der letztere betrifft die Frage, *wozu diese Ordnung gut sei.* Der erstere drängt sich uns auf, der letztere entzieht sich zwar unserer Beobachtung, aber nicht einer der menschlichsten Formen der Daseinsbewältigung, dem Glauben.

Je mehr wir uns der praktischen Seite unseres Daseins zuwenden, und die Kultur gehört dazu, um so mehr haben wir es mit dem Sinn zu tun; dabei ist die Stellungnahme zum Übersinn eines der wichtigsten Kulturmerkmale.

Auch Kulturen können wir als ein System begreifen, dessen Subsysteme u. a. von den verschiedenen Gesellschaften gebildet werden, und bei deren Kennzeichnung und Abgrenzung untereinander spielen wiederum Sinn und Zweck dieser Subsysteme die entscheidende Rolle.

Wenn wir von Gesellschaft sprechen, meinen wir ja nicht eine beliebige Menge von Menschen, sondern solche, die sich eine bestimmte Gesellschafts-Ordnung gegeben haben. Das kann durch geschriebene wie ungeschriebene Gesetze erfolgen. Aber auch Gesellschaft kann als ein System von Systemen begriffen werden, wobei jedes soziale System, von der Zweierbeziehung und der Familie an bis zur großen Organisation und Institution Subsystem von Gesellschaft ist.

Jedes dieser Subsysteme hat einen Sinn, der sich in einer Dienstleistung gegenüber der Gesamtgesellschaft ausdrückt, und in jedem dieser Subsysteme müssen unterschiedliche Zwecke erfüllt werden, damit das Gesamtsystem überleben kann: Wenn die Wirtschaft, die Polizei, das Schulwesen, der Verkehr u. v. a. m. nicht funktionieren, dann zerfällt die selbstgegebene Ordnung, und aus Gesellschaft wird eine »heterogene Vielheit« oder auf gut deutsch: ein Menschen-Haufen.

Die Unübersichtlichkeit einer modernen Gesellschaft wird für den einzelnen Bürger erträglicher, wenn er sich auf bestimmte Bereiche konzentriert, an denen er interessiert ist und an denen er persönlich Anteil nehmen kann. Jeder dieser Bereiche und damit jedes soziale System beruht zunächst auf dem Interesse seiner Angehörigen. Eine Ausnahme können diejenigen sozialen Systeme bilden, in die man – ohne gefragt worden zu sein – hineingeboren oder strafversetzt worden ist: im ersteren Fall zum Beispiel in ein bestimmtes Volk oder eine bestimmte Familie, im letzteren Fall beispielsweise in das soziale System »Gefängnis«. Entscheidend ist jedoch immer der Sinn, den die Zugehörigkeit für den Betreffenden hat. Dieser Sinn braucht mit den offiziellen Zwecken der verschiedenen Einrichtungen nicht unbedingt etwas zu tun haben. Manch einer ist in einem Kegelklub ohne jedes sportliche, sondern allein aus geschäftlichem Interesse. Nicht jeder Sänger singt aus Musikbegeisterung in seinem Gesangverein, sondern weil er dort auch in anderer Beziehung den Mund weit aufmachen kann. Im allgemeinen darf man aber wohl davon ausgehen, daß der subjektive wie der objektive Sinn eines sozialen Systems als identisch angesehen werden.

Wer in solchen sozialen Systemen lebt, für den wird Gesellschaft überschaubar, denn er lebt ja dann auch nur in den von ihm miterfüllten – und somit auch mit Sinn erfüllten – Bereichen. Mitunter verengt sich auch die Sicht der Betreffenden so sehr auf den Gesichtskreis solcher Subsysteme, daß man mit Recht von Systemblindheit, Problemblindheit, Firmenblindheit u. a. bis hin zur Fachidiotie sprechen kann.

Aber Systemzugehörigkeit bietet Sicherheit und reduziert (die Angst vor der) Komplexität. Jede System-Innenwelt ist sinnvoll erlebbare Realität und grenzt sich durch ihren Sinn gegen andere – in sich ebenfalls wieder sinnvolle – Außenwelten, Systeme, ab. Man lebt in einer Familie und hat das Gefühl, daß es sich dafür zu leben lohnt; man fühlt sich sicher (»my home is my castle«), geborgen, verstanden. Aber man ist nicht nur Familien-Mitglied, man gehört auch zu einem Dorf oder einer Stadt, an einen Arbeitsplatz, zu einem Freundeskreis, einem Verein, einer Partei, einem Staat, einer Kultur und schließlich zur Menschheit. Einiges davon wird unmittelbar, anderes mittelbar erlebt: durch die Zeitung, durchs Fernsehen.

Eine Spende für »Brot für die Welt« ist unmittelbare Teilnahme an einem mittelbar erlebten Ereignis, es sei denn, man kommt gerade von einer Reise aus Afrika zurück. Was wäre die Welt im Erleben jedes einzelnen, wenn es die Sinn-Muster nicht gäbe, die von den sozialen (und anderen) Systemen zur Verfügung gestellt werden. Wohl bemerkt: zur Verfügung gestellt, angeboten – nicht aufgezwungen werden. Sinn-Entscheidungen und Sinn-Teilhaftigkeit sind keine Zwänge, es geht theoretisch immer auch anders. Sinn ist in der freien Entscheidung des einzelnen immer nur *die Verwirklichung des Möglichen vor dem Hintergrund des Wirklichen,* und schon im bloßen Sinn-Erkennen liegt bereits die Herausforderung zu seiner Verwirklichung.

Das Verständnis von Sinn erlaubt ein ganz bestimmtes Vorgehen, »eine ganz bestimmte Strategie des selektiven Verhaltens unter der Bedingung hoher Komplexität« (Luhmann). Aus der Fülle des Möglichen wird ausgewählt, und Vielfältigkeit wird dadurch zur Eindeutigkeit, denn mit der Auswahl (Selektion) findet zugleich eine Bedeutungszumessung, eine Sinn-Deutung statt. Sinn erweist sich damit als »die Ordnungsform des menschlichen Lebens« (s. o.). In der Sinn-Erkenntnis erkennen wir die Ordnung, in der wir leben, und unsere Fähigkeit, Sinn = Ordnung überhaupt wahrzunehmen, bildet somit die Voraussetzung für eine bewußte Informationsaufnahme und Erlebnisverarbeitung. Dahinter steckt mehr, als an dieser Stelle aus einer solchen Formulierung herausgelesen werden kann. Wir werden deshalb später noch einmal darauf zurückkommen, wenn wir uns mit dem Problem des Bewußtseins eingehender beschäftigen werden.

Aus all dem geht hervor, daß die Welt von uns nicht sinnhaft *konstruiert,* wohl aber als sinnvoll *erfahren* wird. Nicht wir, die Menschen, sehen Sinn in die Welt hinein, weil wir ihn zu unserer Orientierung nötig haben, sondern wir sehen ihn sozusagen »aus der Welt heraus«, wir entdecken ihn in der Welt, wir decken ihn mit unserer Erfahrung in der Welt auf, machen ihn sichtbar und in uns erlebbar. Wäre es anders, so glichen wir jenem Seefahrer, der sich ein großes »N« an den Bugspriet seines Schiffes genagelt hatte, um sicher zu sein, daß er auch immer nach Norden fuhr.

Selbst dann, wenn wir bei einer Sinn-Entscheidung uns gegen den Sinn einer Situation stellen, leugnen wir nicht »Sinn«

prinzipiell, sondern lediglich seine spezielle Bedeutung für uns in *dieser* Situation: Sinn-Negation setzt immer noch Sinn voraus.

Das sinnhafte Erfassen einer Situation beruht auf einer für das Überleben fundamental wichtigen Fähigkeit vermutlich aller Lebewesen überhaupt. Kommen wir zunächst auf eine unserer ersten Definitionen von »Sinn« zurück: Sinn als Bedeutung. Worin die Bedeutung irgendeines Erlebniszusammenhanges liegt, hängt von dem jeweiligen Subjekt ab, das diese Bedeutung für sich in Anspruch nimmt. Je primitiver das Lebewesen, um so primitiver auch der Bedeutungszusammenhang, der wahrscheinlich mit dem Erfassen einer Freß- und Paarungssituation und dem Empfinden von Gefahr beginnt und bei höher entwickelten Wesen bis in abstrakte Bedeutungszusammenhänge des Ästhetischen, Philosophischen und Religiösen reicht. Immer sind es Figurationen von Wahrgenommenem, die Bedeutung vermitteln, und sei es auch, daß eine solche Figuration nur von dem Wahrnehmenden selbst und einem einzigen Objekt dargestellt wird und dieses »Objekt« nur eine bloße Empfindung ist.

Was wahrgenommen wird, sind keine Gegenstände, sondern die *Bedeutung* von Gegenständen: Ein (aus unserer Sicht) ortsfester Lichtpunkt am Himmel – und mehr sehen wir nicht! – »ist« ein Stern, und wenn sich dieser Lichtpunkt bewegt, dann »ist« er ein Satellit oder ein Flugzeug... oder ein Glühwürmchen. Und bestimmte Sterne konfigurieren sich zu Gestalten (der Große Bär, die Fische, der Wassermann...) Nur in den außerordentlich seltenen Fällen, in denen wir einmal wirklich nicht wissen, »was etwas bedeuten soll«, verfallen wir in eine bloße Beschreibung (so im Spiel »Ich sehe was, was du nicht siehst...« – und gerade dabei geht es darum, aus bloßen Erscheinungen – »und das sieht so aus...« – Bedeutungen zu machen).

Ein solcher Bedeutungszusammenhang präsentiert sich uns als »Gestalt«. Schauen wir in eine offene Tür hinein, so werden wir sagen können, ob wir in ein Eßzimmer, ein Schlafzimmer, eine Gefängniszelle oder in ein Büro hineinsehen. Die Leine eines schwanzwedelnden Hundes hat für uns eine andere

Bedeutung als die eines zähnefletschenden Hundes. Wir erkennen Zusammenhänge, Beziehungen zwischen Dingen, Empfindungen und uns selbst als *Gestalt,* und Gestalt wiederum ist ein Synonym für *Bedeutung* und Bedeutung ein Synonym für *Sinn.*

Ich hatte einmal im Garten ein Vogelhäuschen kaum einen Meter weitergerückt, um an der alten Stelle etwas einsäen zu können. Auf den ersten Blick war alles beim alten geblieben. Nicht so für die Vögel – sie brauchten drei Tage, bis sie sich mit der für sie veränderten »Gestalt« der Örtlichkeit, der Figuration von Vogelhäuschen, Bäumen und Büschen wieder vertraut gemacht hatten. Vorsichtig probierten sie Anflugmöglichkeiten, Fluchtwege, Deckung usw. aus – wie beim ersten Mal, als ich das Vogelhäuschen aufgestellt hatte. Dabei war ihnen jeder einzelne Gegenstand nach wie vor vertraut, an keinem Baum und an keinem Strauch und auch an dem Vogelhäuschen selbst hatte sich etwas geändert – nur die Gestalt, der Zusammenhang des Ganzen, hatte eine für die Vögel bedeutsame Veränderung erfahren.

Eine »Gestalt« verliert ihren Sinn auch dann nicht, wenn sie keinen Zweck mehr erfüllt. Ein kaputtes Auto bleibt ein Auto, und eine Ruine – sinnvoll als Ruine identifiziert – ist eben eine – wenn auch zwecklose – Ruine.

Sinn ist fundamental und permanent. Wir leben in sinnhaften Zusammenhängen, und wir erkennen Sinnhaftes. Am Anfang jeglicher Erkenntnis war der Sinn, und er ging diesen Erkenntnissen voraus, denn wie sollten wir ihn sonst erkannt haben können, wenn er nicht eher dagewesen wäre als das zu Erkennende... und der Erkennende selbst (siehe Anmerkungen).

In der Natur wird eine Fülle von ebenso zweckmäßigen wie sinnvollen Problemlösungen praktiziert, obwohl keines der beteiligten Lebewesen, Tier wie Pflanze, auch nur die geringsten organischen Voraussetzungen nur für das Begreifen des jeweiligen Problems aufweist, geschweige denn für die bedachte Durchführung selbst. *Am Anfang war der Sinn.*

Und er war eher da als das Erkennen. Dieses – unser Bewußtsein – ist auf Sinn angelegt. Wir können gar nicht anders als Sinnhaftes und Sinnloses zu unterscheiden; aber nur in unserem Erkennen wird Sinn in dieser Welt *bewußt*, nicht jedoch durch dieses Bewußt-Sein erst begründet.

Sinn und Rolle

Der sinnvolle Aufbau unserer Lebenswelt zeigt sich aber nicht nur in ihren systemisch strukturierten Sozialbeziehungen, die dem einzelnen Orientierung und Einordnung bieten, sondern in noch einem weiteren Netz von Zusammenhängen, das die Systeme horizontal und vertikal überlagert oder durchdringt.

Ob jemand will oder nicht – schon die Wahrnehmung gewisser typischer Verhaltensmuster durch andere nötigen dem einzelnen bestimmte Ein-Ordnungsmerkmale auf, die wir ihm als seine »Rolle« zuordnen. Haben wir jemandem erst einmal ein solches Rollen-Konzept verpaßt und erscheint ihm dieses auch »angemessen«, dann wissen wir in Zukunft auch, was wir von ihm zu *erwarten* haben.

Genau auf das kommt es an. Auch Rollen-Schemata reduzieren Komplexität und erlauben es, sich auf bestimmte Ausschnitte von Wirklichkeit zu konzentrieren.

Hatte es schon das Leben in und mit sozialen Systemen ermöglicht, den Ausschnitt aus der gesellschaftlichen Wirklichkeit, den man für sein persönliches Leben in Anspruch nehmen wollte, willkürlich zu begrenzen und somit gesellschaftliche Komplexität zu reduzieren, so erlaubt es das Rollen-Schema, dem einzelnen gegenüber sich auf – ebenfalls wieder willkürlich – bestimmte Ausschnitte seines Verhaltens zu beschränken.

Wenn man dem Bürgermeister X begegnet, braucht man ihn nur als »Bürgermeister« wahrzunehmen; was er sonst noch an Rollen verkörpert – Angehöriger einer bestimmten Partei… Konfession… Berufsgruppe… glücklich oder unglücklich verheirateter Familienvater, Erfolgstyp, Viel-und-über-alles-Redner, all das braucht keinesfalls zu interessieren, aber es kann. Wenn man ihn in einer ganz bestimmten Rolle wahrnimmt, weiß man auch, was man von ihm zu erwarten hat. Als Bürgermeister ist er einem etwas schuldig, weil man ihn wählen soll, was aus seiner Familienvater-Rolle jedenfalls nicht abzuleiten wäre. Nimmt er gar einem gegenüber die Rolle eines Freundes ein, dann kann es sein, daß diese Rolle gewichtiger als die des Bürgermeisters ist und dieser nachgeordnet wird. Manche Leute sind überhaupt nur etwas geworden, weil sie der Freund bestimmter Leute waren und nun auf ewig auch sein müssen.

Das Rollen-Schema reduziert Komplexität, Unsicherheit, mangelnde Orientierung. Mit einer Rolle, einer selbstgewählten wie einer von anderen auferlegten, wird das Verhalten zwar eingeschränkt – denn alle Welt erwartet, daß man nicht aus der Rolle fällt –, aber man weiß doch immerhin, herüber wie hinüber, was man voneinander zu erwarten hat. Ordnung kehrt ein, Sicherheit des Verhaltens und Sicherheit der Erwartung. Zwiespälte, Konflikte, werden zwar nicht beseitigt, aber vorberechenbaren, rollenkonformen Lösungen zugeführt. Was das ungeschriebene Gesetz im großen ist, ist das Prinzip anerkannter Rollen im kleinen. Wissenschaftlich ausgedrückt heißt dies: »Sinn« (als Sinn der Rolle) »meint nicht nur, daß der andere existiert, sondern auch, was er erwartet« und »die Erwartbarkeit von Erwartungen ist die Voraussetzung jeder sinnhaften Interaktion«, denn »nur in sinnkonstituiertem Handeln kann Sicherheit geboten, Angst ausgehalten und Vertrauen geschenkt werden« (Luhmann).

Die Vermutung liegt nahe, daß Rollenkonformität, wenn sie in der gesamten Gesellschaft konsequent praktiziert würde, zur Unfreiheit führte. Die Vielzahl von Konflikten aus – von anderen erwartetem – Rollenverhalten und eigener Rolleninterpretation zeigt jedoch, daß Rollenidentifikation – wie alles im bewußten menschlichen Leben – eine Kann- und keine Muß-Vorschrift ist.

Auch über seine Rolle und die darin zu verwirklichenden Werte muß der Mensch eine Entscheidung treffen. Für den selbstverantwortlich Handelnden kann der Rollenkonflikt geradezu zum Regelfall werden: Unser zuvor erwähnter Bürgermeister muß gegen seinen besten Freund im Stadtrat stimmen, er hat aber auch eine »Freundin«, die so gar nicht in das traditionelle Bild vom »Stadtoberhaupt« paßt, und auch für oder gegen sie muß er sich entscheiden...

Mit der Sinn-Entscheidung ist immer auch eine Werte-Entscheidung aufgerufen, denn Sinn-Erfüllung erfolgt als Werteverwirklichung (Frankl).

Nicht rollenkonformes, sondern sinnvolles Verhalten bestimmt den Menschen. Rollen sind Hilfsmittel der zwischenmenschlichen Ordnung, der sozialen Orientierung und gegebenenfalls auch Gelegenheit zur Sinn-Verwirklichung. Ob letztere aber rollenkonform oder im Konflikt mit der Rolle verläuft, darüber entscheidet das selbstverantwortliche Individuum allein und sein subjektiver Sinn für Sinn. »Der Mensch ist zwar nicht frei von den Bedingungen, unter denen er auf die Welt gekommen ist, aber er kann sich ihnen gegenüber so oder so frei verhalten«, sagt Viktor Frankl. So sinnvoll aus gesellschaftlicher Sicht Rollen auch sind (und bestimmte Rollen finden wir auch schon im Tierreich): *wie* sinnvoll sie jedoch für den einzelnen sind, darüber entscheidet dieser allein.

Gerade in unserer Zeit sind »das Leiden an der Gesellschaft und die gesellschaftlichen Leiden« vielfältig zum Thema gemacht worden: Die Gesellschaft als Ursache aller Leiden und daher auch zur Beseitigung aller Leiden verpflichtet... Immer wieder beschworene gesellschaftliche Zwänge und die Diktatur der Rollenkonformität (die von den weniger Selbstbewußten sicher auch so erlebt wird), – »Rolle« mehr als Zwang zur Unterwerfung denn als Möglichkeit der Gestaltung – hat zu dem Leidensbild des an der Gesellschaft Leidenden geführt. Immerhin war es gerade einer der Autoren, die am herzzerreißendsten diese Leiden beschrieben haben, der erkannte, daß es dabei wohl doch vor allem auf das Sinn-Verständnis von dieser Gesellschaft ankomme: »Wird dem Menschen dieses Sinn-Verständnis zweifelhaft, *dann* erleidet er die gesellschaftliche Ordnung als Zwang.« (Dreitzel)

Damit hat die Sinn-Orientierung Vorrang. Nicht die Gesellschaft mit ihrem Rollengefüge und Rollenzwängen, sondern die Orientierungslosigkeit als Verdunkelung des Sinnhaften wird zur Ursache des Leidens, woran auch immer und natürlich auch an der Gesellschaft.

Der Mensch ist ein sinnsuchendes Wesen (Frankl). Dieser Sinn ist der Erweis auch seiner gesellschaftlichen Einordnung und damit der Orientierungsmaßstab seines gesellschaftlichen Handelns – »die Ordnungsform des menschlichen Lebens«, wie wir zuvor zitiert hatten. Wird dieser Sinn zweifelhaft, so wird das Leben zum Leiden – oder volkstümlicher ausgedrückt: dann wird einem das Leben leid.

Universalien und Gesellschaftsbewußtsein

Die Frage nach dem Sinn ist immer auch die Frage nach der Orientierung im praktischen Leben. Daß es sich dabei nicht um eine *Rezept-*, sondern nur um eine *Konzept*suche handeln kann, leuchtet ein. Rezepte setzen voraus, daß man alle Rahmenbedingungen selbst bestimmen kann (»man nehme...«). Konzepte bedeuten, daß man die Zusammenhänge und Wirkungsmechanismen kennt und vor diesem Hintergrund das Mögliche tun kann.

Im Hinblick auf die sinnvolle Orientierung im Gesellschaftlichen scheint jedoch sehr oft ein Rezeptdenken vorzuherrschen. In den vorausgegangenen Abschnitten »System« und »Evolution« hatten wir es mit Bereichen zu tun, die aufgrund ihrer weitgehenden Abgehobenheit vom Alltagsleben manche allgemeine Formulierung gestatteten, der man zustimmen konnte, weil der Spielraum für subjektive Interpretation im Detail groß genug war. Gehen wir von der These aus, daß der Sinn eines Systems – von der einzelnen Zelle bis zum ausgedehnten menschlichen Sozialsystem – »Dienstleistung« ist, so wird jeder Einsichtige noch mit dem Kopf nicken. Sollte jedoch diese Dienstleistung in bezug auf ihn selbst konkretisiert werden, könnte die Zustimmung schon zweifelhaft werden. Mit dem jetzigen Text bewegen wir uns aber unmittelbar im konkreten Leben, und dabei geht es auch ums Detail.

Die Sinn-Frage in der Gesellschaft – und das ist immer auch die Sinn-Frage in der Einübung in die Gesellschaft, in der Sozialisation und in der Pädagogik–, war immer vor die Notwendigkeit gestellt, Farbe zu bekennen bezüglich der konkreten Werte, anhand derer die Sinn-Erfüllung erfolgen konnte und vor allem sollte.

Beim Kind wie beim Erwachsenen ist der Sinn der Existenz zunächst das »Mensch sein, um zu werden« (Frankl). Damit hätten wir zunächst wieder eine so bestechend allgemeine Weisheit, bei der kaum Widerspruch zu erwarten ist. Der Teufel steckt auch hier im Detail.

Das Menschsein des Kindes vollzieht sich noch über weite Strecken im Zustand des Fremdbestimmtseins – wie die Entwicklung des Vor-Menschen in seiner rein instinktbeherrschten Phase. Nicht nur die pränatale Entwicklung des Menschen rekapituliert die menschliche Stammesgeschichte, wie es vor hundert Jahren Ernst Haeckel aufgezeigt hat, auch die psychisch-geistige Entwicklung »des Menschen« findet in der Entwicklung des einzelnen Menschen ihre Analogie.

Das Kind bekommt von seinen Bezugspersonen ein Verhaltensmuster aufgeprägt, das weitgehende Einordnung in die Gesellschaftsstruktur und damit auch ein erwartungsgemäßes gesellschaftskonformes Funktionieren verspricht. Wir haben hier bewußt Begriffe wie Struktur und Funktion in Anlehnung an unser System-Kapitel gewählt, weil wir die darin gewonnenen Erkenntnisse auch weiter nutzen wollen.

Diese Einordnung des Kindes erfolgt aber keineswegs widerstandslos und das Funktionieren nicht ohne Störungen. Wer darin notwendige Kriterien des Werdens sieht, ist gut beraten, wenngleich diese Widerstände – von der Trotzphase des Kleinkindes bis zum Widerstand des Jugendlichen – letztlich Mißverständnisse des Erziehungsauftrags widerspiegeln: Erziehungsfehler. Das Erkunden von Grenzen und das Sicherproben an Grenzwiderständen ist ein wesentliches Erfordernis der Menschwerdung und damit der Selbstfindung.

Die Einübung des Jugendlichen erfolgt in wenigstens vier gesellschaftlichen Fundamentalbereichen: einmal in der Familie als sozio-biologischer »Nest«verband; im wichtigen Umgang mit den etwa Gleichaltrigen und dabei auch in der Begründung erster intimerer Zweierbeziehungen zu Freund oder Freundin und last not least im zunehmend enger werdenden Kontakt mit den übrigen Subsystemen der Gesellschaft: Schule, Behörden, Vereine usw.

Die Zwecke, die im Umgang mit und in all diesen Subsystemen der Gesellschaft erfüllt werden müssen: Hilfeleistung in der Familie, Schularbeiten, Fußball spielen, die Freundin küssen, Bullenärgern, weil man's mal darauf ankommen lassen will, dienen dem selbst Finden von Regeln des angepaßten Verhaltens und damit schließlich der Selbstfindung. Das Tradierte, das Konventionelle, das Einzuübende ist dabei Übungsmaterial, nicht die Sache selbst. Integration und Identifikation finden erst ganz allmählich mit kritischer Distanz statt, wobei der Ton vorerst noch mehr auf »Distanz« liegt, denn Kritik setzt Einsicht, und Einsicht setzt Vergleichsmöglichkeiten voraus, aber an beidem fehlt es noch erheblich.

Der *Sinn* dieser Entwicklung liegt *nicht* in der *zweck*mäßigen Beherrschung des »Übungsmaterials« (so wichtig auch dies ist), sondern im »Mensch*werden«*, und das geht weit darüber hinaus.

Universalien

Frankl hat die grundlegende Erkenntnis ausgesprochen, daß Menschsein heißt, »immer schon über sich selbst hinaus und auf etwas gerichtet sein, das nicht wieder es selbst ist, auf etwas oder auf jemanden, auf einen Sinn, den es erfüllt, oder auf ein anderes menschliches Sein, dem es liebend begegnet«. Was ein Tier auch tut, ob es frißt oder trinkt, flüchtet oder angreift, sich paart oder schläft, immer ist dieses Tun auf dieses Tier als Gattungswesen zurückbezogen, alles dient seinem Überleben und damit der Erhaltung der Art. Beim Tier ist die ART Träger der Evolution. Beim selbstverantwortlich handelnden, mit technischen Hilfsmitteln ausgerüsteten Menschen ist der EINZELNE derjenige, der die Evolution mit anderen als biologischen Mitteln voranzutreiben vermag.

Das Handeln des Menschen dient also auf ganz andere Weise den naturgemäßen Abläufen und der Evolution. Gerade wenn er sich *nicht* mit sich selbst begnügt und keinen Kult um sein Ich oder Selbst treibt, sondern sich auf andere oder anderes konzentriert, in einer Aufgabe sich selbst aufgibt oder in der Hingabe an andere aufgeht – *dann* befindet er sich auf dem Wege dessen, was man eigentlich »Selbst-Verwirklichung« nennen sollte – denn diese liegt in seiner Fähigkeit zur Selbst-Transzendenz.

Selbsttranszendenz heißt nicht nur »über seinen eigenen Schatten springen«, sondern überhaupt sein Ich weit hinter sich zu lassen und Selbstverwirklichung in Aufgaben-Verwirklichung zu suchen (siehe Anmerkungen). Selbst-Suche findet weder in der Nabelschau fernöstlicher Meditation statt – deren Ziel (sofern es sich nicht um einen modischen Aufguß mehr west- als östlicher Praktiken handelt) ist nicht Selbst*findung*, sondern Selbst*vergessen* –, noch in der Selbst-Sucht hektischer Betriebsamkeit, wie sie unseren Breiten eigen ist. Es kommt auch nicht so sehr, wie noch der bekannte amerikanische Psychotherapeut Rogers meinte, auf »die Beziehung zu sich selbst« an wie auf die Hingabe dieses Selbst an andere und anderes.

Wir können deshalb in Übereinstimmung mit den evolutionären Tatsachen wie mit den logotherapeutischen Erkenntnissen Viktor Frankls formulieren: *Sinn als Dienstleistung heißt Aufgabenverwirklichung in Selbsttranszendenz.* Damit kommen wir auch dem Werden des Menschen näher, denn ein Mensch »wird« nicht, entwickelt sich nicht zum vollen Menschentum an sich selbst, sondern immer nur an anderen.

Aber was bedeutet dies bezüglich jener gesellschaftlichen Werte, die so vielfältig im Mittelpunkt der Diskussion stehen? Gerade die sinn-suchende Pädagogik hat es sich ja in der Auseinandersetzung mit der Werteproblematik nicht leicht gemacht. Auf der einen Seite werden »Universalien« postuliert als jene Werte, die sich soziokulturell als fundamental herausgestellt haben, und auf der anderen Seite muß man jedoch einen prinzipiellen Wertewandel in Gesellschaft und Kultur unterstellen – nicht nur als lästige empirische Tatsache, sondern als Notwendigkeit der gesellschaftlichen und allgemein menschlichen Entwicklung überhaupt. Nun ist es ein Widerspruch, wenn man anerkennt, daß auch Universalien dem Wandel unterworfen sein könnten – und wie wäre er aufzulösen?

Einmal könnte man auf den Begriff »Universalie« verzichten, oder man schlösse dessen permanenten Wechsel ein. Dann aber verlöre er seine Potenz als Orientierung, müßte man sich doch immer erst nach dem »neuesten Stand« des Wechsels erkundigen. Es wäre aber auch möglich, diesen Begriff von seinem Bezug auf das Sozio-Kulturelle zu lösen und ihn auf anderes auszurichten, wie es uns sinnvoller erscheint, nämlich auf die Bedingungen des Evolutionären. Entsprechende Entwicklungen, neue Orientierungen von dem nur Traditionellen, wenn auch mitunter noch so Erprobten, abzulösen, hat es mit Überlegungen zu einer anthropologischen Pädagogik bereits gegeben. Aber damit gerät man in eine Schwierigkeit anderer Art: Bietet das Konstrukt »Universalie« als Synonym für gesellschaftlich allgemein akzeptierte Werte einerseits eine große Zeit-Nähe zur aktuellen Problematik, wenngleich es auch der ständigen Kritik aus der Sicht des Werte-Wandels ausgesetzt wäre, so verfügen die evolutions-adäquaten Kriterien zwar über eine allgemeinere Gültigkeit nicht zuletzt aufgrund ihrer eminenten Zeit- (zwar nicht Ferne, aber) Weite. So wie sie sich darstellen, gelten sie eben »für alle Zeiten«, sind dabei aber weniger spezifisch und detailbezogen.

Die evolutionäre Erkenntnis, daß mit dem Selbstbewußtsein auch die Selbstverantwortung greifen muß und der Mensch für seine sogenannte natürliche Umwelt genauso verantwortlich ist wie für seine selbstgemachte Umwelt, seine Kultur – eine Einsicht, zu deren Verwirklichung es auch einiger hunderttausend Jahre bedurfte –, reicht allein natürlich nicht aus.

Vor allem wird die Frage nach der Praktikabilität auftauchen: Wie orientierungsstark sind die bisherigen gesellschaftlichen Werte, wie sie mit den 10 Geboten bis zum Bürgerlichen und Strafgesetzbuch ihre Schuldigkeit getan haben, und was wäre aus dem von uns einsehbaren Ablauf der Evolution überhaupt an Verwertbarem herauszulesen?

Wir meinen, daß es sich hier nicht um ein proportionales, sondern ein dimensionales Problem handelt. Es geht nicht darum, neue Werte alten gegenüberzustellen oder alte auszutauschen, sondern pädagogisch – und das heißt wörtlich: in der Führung junger Menschen – einen anderen Umgang mit gesellschaftlichen Werten überhaupt einzuführen. Auch in der Vergangenheit ist immer wieder von Erziehung zur Verantwortung die Rede gewesen, und oft hatte man dabei den Eindruck, als sei Verantwortung ein Erziehungs-Gegenstand und nicht eine Erziehungs-Methode. Auch in Zukunft wird man sich mit den gesellschaftlichen Werte-Ordnungen auseinandersetzen müssen. Man kann diese Prämissen einer Lebensordnung (Eigentum: Du sollst nicht stehlen... Leibliche Unversehrtheit: Du sollst nicht töten... Straßenverkehr: Du sollst rechts fahren und die Geschwindigkeitsbegrenzung einhalten... usw.) nicht einfach in eine große Konfession zur Selbstverantwortung eingehen lassen. Verantwortung soll kein neues Thema, sondern *muß* eine neue Dimension des Handelns sein: Nicht unbedingt mit neuen Werten umgehen, aber unbedingt mit neuen und alten Werten *neu umgehen!*

Das Gebot/Gesetz »Du sollst nicht töten!« hat zu keiner Zeit Mord- und Totschlag und das Totschlagen der Mörder verhindert. An der Eindeutigkeit der Formulierungen kann es nicht gelegen haben. Es ist auch falsch zu behaupten, daß abschrekkende Gesetze keine abschreckende Wirkung hätten. Ohne die Androhung einer heute noch »lebenslänglichen« Gefängnisstrafe mit eingebautem Fernsehapparat, Kanarienvogel und Aussicht auf Haftverschonung bei guter Führung nebst einem geneigten Herrn Bundespräsidenten hätten die Bestattungsunternehmen permanent Hochkonjunktur. Gerade unsere Justiz ist ein Musterbeispiel für *dimensionale* Verantwortungslosigkeit: Die Todesstrafe schreckt die ganz Bösen nicht – die Gefängnishaft schon gar nicht –, die anschließende soziale Ächtung darf nicht schrecken, denn die »abgebüßte Strafe« wird unter »Datenschutz« archivalisch begraben; die Gefängnisse dienen offiziell nicht mehr einer Bestrafung oder der Sicherheit der Öffentlichkeit vor den Straffälligen, sondern deren Rehabilitierung – aber diese Rehabilitierungsanstalten sind noch immer nicht für diese Rehabilitierung geeignet, sondern noch immer mehr für eine Bestrafung...

Dimensionale Verantwortung hieße, nicht dem Buchstaben zu dienen, sondern dem Sinn.

Dabei muß noch geklärt werden, wer oder was denn nun das

dafür erforderliche Bezugs-System wäre. Verantwortung wem gegenüber? Staat und Gesellschaft haben sich als allzu buchstabengetreu erwiesen. Selbstverantwortung ... hieße das etwa, daß der einzelne: Mafioso – Parteisekretär – Vorgesetzter – Mitarbeiter, daß jeder nur sich selbst verantwortlich wäre?

Wir hatten von einem dimensionalen Problem gesprochen. Es geht nicht darum, die Gesellschaftsordnung zu privatisieren, sondern die Verantwortung zu individualisieren und zu radikalisieren. Im Rahmen der bestehenden Gesellschaftsordnung sollte begriffen werden, daß aus den evolutionären Erkenntnissen heraus – diese als Orientierung – nicht jeder erst darauf wartet, bis er mit Brief und Siegel das Startzeichen zur Übernahme von Verantwortung bekommt, um endlich diese Verantwortung wahrzunehmen.

Es ist in der Tat eine neue Dimension im Umgang mit den Dingen, eine Lehre, wie sie mit allem Nachdruck nur der nüchterne Einblick in die Abläufe der Natur erteilt. Diese Natur hat uns vorgemacht, wie sie ihre Entwicklung durch Einführung einer neuen Dimension (Bewußtsein) um ein Vielfaches rasanter und effizienter gestaltet hat. Aus jahrmillionen-langen Abläufen sind auf einmal jahrzehnte-kurze »Spurts« geworden. Die Entwicklung selbst hat sich dabei von vielen hundert Millionen Arten auf *eine* einzige Art konzentriert – diejenige mit Selbstbewußtsein und Selbstverantwortung: auf uns Menschen! Damit hat das neue Prinzip Selbstverantwortung Eingang gefunden in Bereiche, die bis dahin mit der Fremdsteuerung der Instinkte nur bewohnt, aber nicht gestaltet werden konnten. (Es ist noch gar nicht heraus, ob aus Sicht der Evolution New York nicht als weiterentwickelt angesehen werden muß als ein gleich großer Bereich im brasilianischen Urwald.)

Wir sollten aus diesen Entwicklungen lernen:

Eindringen nicht nur in alle erreichbaren wirtschaftlichen, technischen und gesellschaftlichen Räume, sondern auch *Einbringung unserer ungeteilten Verantwortung* in diese Räume, denn Selbstbewußtsein und Selbstverantwortung hat uns die

Natur nicht unabhängig voneinander, sondern immer nur in Abhängigkeit des einen von dem anderen überantwortet.

Kritischerer (und das heißt verantwortungsvollerer) Umgang mit allen Vorfindbarkeiten – *entschlossenere Novellierung überholter Inhalte* und nicht minder entschlossener Zugriff auf neue Möglichkeiten.

»Wert-Berichtigungen« nicht nur in den kommerziellen, sondern auch in den gesellschaftlichen Bilanzen. *Geplanter Wertewandel* nicht als Nachhol-, sondern als Vorhol-Bedarf.

Verstärkung derjenigen Entwicklungstendenz, auf die auch die Evolution im Zeichen des Menschen gesetzt hat:
selbstreflektierte Rationalität.

Forcierung der Bildung als Breitenwirkung – Forcierung der Persönlichkeitsentwicklung als individuelle Tiefenwirkung.

Rationale (entwicklungs-adäquate) vor ideologischen Problemlösungen. Weder die Technik noch der Glaube noch die Tradition etc. dürfen zur Ideologie werden. Nicht das von einzelnen Machbare, sondern *das für das Ganze Sinnvolle realisieren* – produktive Dienstleistungen, die konkret mehren und nicht hier geben und dort nehmen oder schädigen.

Mut zu innovativen gegenüber konservativen *Problemlösungen.*

Bevorzugung der produktiv-dienstleistenden Kräfte gegenüber den nur administrativ-dienstleistenden Kräften.

Gesellschaftsbewußtsein weder als Zwangsordnung noch als gedankenlose Gebrauchsanweisung, sondern *als Herausforderung zur innovativen Gestaltung.*

Forcierte Ausweitung des Bezugsbereiches von den heute noch weitgehend nationalen und ideologischen Bereichen auf einen *global menschlichen Verantwortungsbereich* in Übereinstimmung mit den globalen technischen und sozialen Entwicklungen.

Es ist der *einzelne,* der sich heute auf seine ganz persönliche Rolle in der Gesellschaft einstellen muß. Nicht er hat sich dabei auf die Gesellschaft zu stützen, sondern die Gesellschaft auf die verantwortlichen einzelnen. So wie es Kennedy in seiner Antrittsrede als amerikanischer Präsident gesagt hat: »Amerikaner, fragt nicht, was hat euch Amerika, sondern was habt ihr Amerika zu bieten« – oder Frankl: »Nicht das Leben fragen, was es zu bieten hat, sondern sich vom Leben befragen zu lassen und dem Leben zu antworten – das Leben zu verantworten.«

Dabei kommt es weniger auf die Quantität als auf die Qualität an. Evolution findet nicht als Massenveranstaltung, sondern als die Aktion einiger weniger statt, nicht als krisensichere Kapitalanlage, sondern als Einsatz von Risikokapital.

»Die Natur ist die größte Lehrmeisterin« hat es immer geheißen; so muß man heute erkennen, daß nur Einblick in die evolutionären Prozesse uns die wirklich sinnvollen Orientierungen liefern kann. Von dieser Einsicht her kann dann der individuelle Umgang mit den Werten immer nur ein kritisch-produktiver sein.

Das läßt den Ruf nach neuen Eliten aufkommen, die nicht mehr Geburts- und Amtseliten, sondern nur Verantwortungseliten sein können.

IV
Sinn und Arbeit

Arbeit als anthropologisches Prinzip

»Am Anfang war das Wort... am Anfang war die Tat...« – sagen wir ruhig: Am Anfang war die Arbeit.

Diesen Anfang können wir gut noch eine Weile vor dem Auftreten des ersten Menschen ansetzen, denn alle Nestbauer, Brutpfleger, Vorratssammler und Jäger unter den Tieren haben ihre liebe Mühe mit ihrem täglichen oder nächtlichen Programm. Auch beim Menschen ging es zunächst um diese vier Arbeitsinhalte, und wir können annehmen, daß dann das Herstellen von Werkzeugen und Waffen dazukam.

Wenn wir sagen, des Menschen Natur (im Sinne seiner Umwelt als Lebensraum) sei die Kultur, so meinen wir damit auch, daß des Menschen »Natur« – und jetzt im Sinne von Veranlagung – die Arbeit sei. Was im Mythos den griechischen Helden Herakles so berühmt gemacht hat, war sein typisch menschliches Schicksal, das durch Arbeit, Schuld und Leiden gekennzeichnet war, und zu den berühmten 12 Arbeiten gehörten so wenig prestigeträchtige Aufgaben wie das Treiben einer Riesenrinderherde um das halbe Mittelmeer herum, das Ausmisten eines Supersaustalls, das Erlegen eines wilden Ebers und einer tückischen Schlange und manches andere. Er wurde nicht unter die Götter versetzt, weil er besondere Kriegstaten verrichtet hatte, nein: Arbeit. Noch dreitausend Jahre nach Herakles (hinter dem man einen ins Mythische gerückten frühgeschichtlichen König vermuten kann) heißt es in dem an sich so wenig friedlichen »Nibelungenlied« eingangs: »Uns ist in alten zieten wunders viel geseit, von kuoner recken strieten und großer arebeid.«

»Arebeid« – das ist das Sich-Mühen um etwas, das Ringen

(nicht der Ringkampf) um eine Sache, das Erstreben, das mit aller Kraft Etwas-erreichen-Wollen. Eine ähnliche Bedeutung hat auch das englische Wort »struggle« – und Darwins begriffliche Prägung »struggle for life« heißt also nicht, daß nur derjenige übrig bleibt, der am erfolgreichsten um sich schlägt, sondern derjenige, der sich mit allen seinen Kräften am erfolgreichsten behauptet.

Daß »to work« im Englischen nicht unbedingt das Malochen, das Schuften, das sich Abrackern meint, geht auch aus der Formulierung »womens work« hervor: »Kinder kriegen«, nicht sich am Fließband abquälen.

»Im Schweiße deines Angesichts sollst du dein Brot essen...« – das war einstmals von einem strafenden Jahweh verhießen worden und der mythisch-religiöse Ausdruck für Arbeit unter den wirtschaftlichen Mangelbedingungen eines Nomadenvolkes. So manches Ziel und so manche Aufgabe, die »des Schweißes der Edlen wert« sind, machen jedoch deutlich, daß der Schweiß bei der Arbeit keinesfalls immer das Zeichen eines Verfluchtseins zur Arbeit sein muß. »Arbeit« mag zwar nicht unbedingt »adeln«, aber allein schon der Unterschied zwischen Arbeit und Arbeitslosigkeit macht nicht nur in finanzieller, sondern auch in sozialer Beziehung deutlich, daß Arbeit nicht zuletzt etwas mit dem Ansehen in der Gesellschaft zu tun hat und auch so empfunden wird.

Mit seiner Arbeit, mit seinem Werken und Wirken und schließlich auch mit seinem Werkzeug verleiht der Mensch seinem Dasein den ihm eigenen persönlichen Ausdruck. Darüber hinaus schlägt sich in diesem Wirken auch die Dienstleistung nieder, die der einzelne gegenüber seiner Umwelt erbringt. Dabei wird vor allem das eigene Werkzeug zum Symbol sowohl der betreffenden Persönlichkeit wie ihrer arbeits- bzw. berufsspezifischen Rolle in der Gesellschaft. Eigenes Werkzeug, wie es heute noch den Handwerker und gelegentlich auch den Gedingearbeiter auszeichnet, hat etwas mit Selbstbestimmung in der Arbeit, mit Unabhängigkeit von den Produktionsmitteln und damit auch mit einem ganz speziellen Arbeits- und Selbstbewußtsein zu tun.

»An ihren Werken sollt ihr sie erkennen« heißt es in der Bibel, und wir können dies ganz allgemein nehmen. In dem Erkennen des WAS des Gewerkten und Bewirkten, aber auch im WIE und nicht zuletzt im WOZU drückt sich die Eigenart, die eigene Art eines Menschen aus, aber auch seine soziale Bedeutung. Was er kann, das macht ihn zum Fachmann: Wie er arbeitet, das kennzeichnet mitunter nicht nur seine fachlichen, sondern auch seine persönlichen Qualitäten, und das Wozu sagt etwas aus über den ideellen wie den sozialen Zusammenhang, in den sich ein Mensch eingebunden fühlt. Ein Miteinander ist immer auch schon ein Füreinander, und Miteinander wie Füreinander finden im wesentlichen als Zusammenarbeit statt. Außer den biologischen Rollen wie Mutter, Vater, Kind usw. sind die weiteren in sozialen Systemen entstehenden Rollen Arbeitsrollen auf der Grundlage von Arbeits- und Aufgabenteilung. Jedes System beruht auf Arbeitsteilung und Zusammenarbeit, und die Bedeutung des einzelnen für das System hängt vom Wert seines Beitrags für das System, von seiner Arbeit ab. Nur anerkannte Arbeit und somit akzeptierte Dienstleistung bedeuten soziale Sicherheit.

Spezialisierung, Fachmann sein ist auch aus persönlichkeitspsychologischer Sicht ein wichtiger Faktor, und das individuelle Qualitätsbewußtsein begründet das Bewußtsein für Urhebertum und damit auch das Selbstwert-Gefühl. Das »Ich kann etwas« und das »Ich bin etwas« sind unmittelbar voneinander abhängig, und das »Ich habe etwas« sollte eigentlich erst die Folge davon sein. Wenn jemand von sich sagen kann »ich habe etwas *zu bieten*«, deutet er damit zugleich (im Sinne der Arbeitsteilung) den Rangordnungsplatz an, den er einnehmen könnte und möchte. Der Wert der Dienstleistung in der Zusammenarbeit bestimmt auch den Rang in der gesellschaftlichen Hierarchie. Menschliche Gesellschaft ist immer zuerst Arbeits- und Verteidigungs-, dann aber wohl auch Angriffs- und Raubgemeinschaft gewesen, denn das Arbeitsergebnis »Eigentum« löst nicht selten den Drang der anderen nach Enteignung aus.

Auch in der technisch am weitesten entwickelten Gesellschaft beruht alles noch auf »Arbeit«. Das Sozialprodukt ist der Wert des Arbeitsergebnisses aller, und nicht ein abstraktes

Verständnis von Politik und Ideologie bestimmen die gesellschaftliche Entwicklung, sondern allein die auf Arbeit beruhende Wirtschaft. Generationenlange Bemühungen um eine neue Ideologie wie in der Sowjetunion, werden an einer nicht funktionierenden Wirtschaft zuschanden und umgekehrt. Kriege werden aus (weitgehend Raub-)wirtschaftlichen Gründen geführt und verenden aus allgemein-wirtschaftlichen, wenn sich kein militärischer Sieg erzielen läßt. Die Wirtschaft bestimmt die Politik – oder wie es ein ehemaliger politischer und jetziger Industriesprecher formuliert hat: »Die Politiker bestimmen die Rhetorik, die Wirtschaft die Realität.«

Leistung als sinnerfülltes Handeln

Arbeit verändert nicht nur Materialien und Umwelt, sondern auch den Arbeitenden selbst, weist über ihn hinaus. Gerade auch in der Arbeit, im »Werk«, findet das statt, was Frankl die Selbsttranszendenz des Menschen nennt. In der ganz persönlichen übernommenen Aufgabe »verliert sich« der Mensch an seine Arbeit, kennt weder Rücksicht auf sich selbst noch auf andere. Wenn er dabei bis an die Grenzen seiner psychophysischen wie geistigen Fähigkeiten gelangt, sind wir dann auch beim Begriff der Leistung.

Fragen wir heute jemanden, was Leistung sei, wird er meist in mehr oder weniger klarer Erinnerung an den Physikunterricht in der Schule antworten: »Leistung ... das war doch, Kraft mal Weg mal Zeit.«

Wir meinen hier jedoch nicht den physikalischen, sondern den psychologischen Leistungs-Begriff.

Wann sagen wir: »Donnerwetter, das *war* aber eine Leistung!« Oder abfälliger: »Da *hat* er sich aber etwas geleistet!« – Doch nur dann, wenn es sich dabei nicht um etwas Übliches oder Erwartetes handelt. Leistung hat vielmehr mit dem Ungewöhnlichen, Herausragenden, Unerwarteten zu tun. In der Leistung stößt der Leistende an die Grenzen seiner Möglichkeiten, und der Kampf um die Leistung ist vor allem ein

Kampf mit sich selbst, gegen die eigene Schwäche oder landläufig ausgedrückt »gegen den inneren Schweinehund«.

Leistung strengt an, fordert heraus – aber bedrückt nicht. Aus diesem Grund kann es auch keinen »Leistungsdruck« geben. Wenn Reinhold Messner einen 8000er besteigt, ist er hinterher vermutlich kaputt, müde, erledigt... aber nicht bedrückt. Selbst wenn sich jemand zu etwas Außergewöhnlichem zwingt, sich »unter Druck setzt«, ist das nicht dasselbe, was der Begriff Leistungsdruck sagt, die gewerkschaftliche Vorstellung von der Wirtschaft als Zitronenpresse der Leistung, als Erpressung zur Leistung. Daß nicht selten unangemessene Arbeitsergebnisse abgefordert werden, daß mancher Akkord auch heute noch »Mord« ist und der Output ruinöse Formen annehmen kann, ist leider eine beschämende Wahrheit. Aber mit Leistung hat das nichts zu tun.

Leistung bedeutet Freiwilligkeit des Einsatzes, Handeln nach selbstgesetzten Normen und Erreichen selbstgesetzter Ziele und vor allem: EINSICHT IN DAS SINNVOLLE DIESES HANDELNS.

Noch nie hat jemand bei einem als völlig unsinnig erkannten Tun eine Leistung vollbracht.

Leistung kann deshalb auch nicht erzwungen, erkauft, ja nicht einmal abgeschmeichelt – sie muß immer *erbracht* werden. Was Leistung ist, weiß nur der Leistende selbst. Was dem einen, zum Beispiel am Fließband, leicht von der Hand geht, kann für den anderen, den Ungeübten, Ungeschickten, Schwachen bereits Leistung sein. Was heute noch Selbstverständlichkeit war – zum Beispiel das Erscheinen bei der Arbeit überhaupt – kann morgen, bei Unwetter oder mit 39° Fieber – eine Leistung sein. Die Bundesrepublik ist deshalb auch keine »Leistungsgesellschaft«, und es werden weder hier noch sonst irgendwo »Leistungslöhne« gezahlt – bezahlt wird nur ein Arbeitsergebnis, dessen Kriterien in den seltensten Fällen von den Arbeitenden selbst bestimmt, mitbestimmt worden sind und die im allgemeinen auf Fremdbestimmung beruhen. Das ist weder ehrenrührig noch der Sache selbst abträglich: Wir sprechen hier ja nicht von Arbeitsakzeptanz, sondern von Leistung. Leistung ist durchaus auch in einer zunächst fremdbestimmten Arbeit möglich – nämlich dann, wenn der Arbeitende sich die fremden Inhalte zu *eigen* macht, sich mit ihnen identifiziert und in der Sache selbst soviel für ihn ganz persönlich Sinnvolles entdeckt, was ihn dann zur Leistung herausfordert.

Ein Steilwandfahrer, der sich zwanzig Jahre lang diesem gefährlichen Abenteuer gewidmet hatte, war nicht um der Motorräder, nicht um der steilen Wände, nicht um der Zuschauer willen gefahren, sondern wegen des Nervenkitzels, der Selbstherausforderung: »Erst mit beiden Händen am Steuer, dann freihändig, dann im Handstand auf dem Lenker... Niemand hat mich dazu gezwungen!« Motorrad, Steilwand und Publikum, das ihm seinen Leistungswahn finanzierte, dienten als »Mittel zum Sinn«, der in der Selbsterfahrung lag: zu sehen, was in ihm steckte, an die eigenen Grenzen zu kommen, den seltsamen Reiz und die tiefe Befriedigung des Leistungshandelns in eigener Regie zu erfahren. Nicht viel anders ging es einer Arbeiterin in einem sowjetischen Textilunternehmen, die eines Tages im Umgang mit einer neuen Maschine das 40fache ihres normalen Solls erfüllt hatte und damit zur Sensation geworden war. Dabei »loderte« sie keinesfalls für Baumwolle – was ihr Spaß gemacht und was sie herausgefordert hatte, waren die phantastischen Möglichkeiten, die im Umgang mit dieser neuen Maschine und damit aber auch in ihrem eigenen Engagement lagen. Die anderen nannten es Leistung.

Bei aller Mühe und Anstrengung: Nichts befriedigt so sehr wie ein Handeln unter Leistungsbedingungen. Freiwilligkeit und Selbstbestimmung setzen Energien frei – »machen frei« –, während Zwang und Druck Energien binden. Interessant sind Untersuchungen zur Leistungsbeanspruchung, aus denen hervorgeht, daß Sportler nach extremen Anforderungen, zum Beispiel im Langstreckenlauf, sich erheblich schneller erholten als Arbeiter, die ebenso lange einer nur durchschnittlich anstrengenden Tätigkeit *unlustig* nachgegangen waren... daß Angehörige einer militärischen Einheit, die aus Strafe zu einem Gepäckmarsch »verdonnert« wurden, »drei Tage lang nicht mehr kriechen konnten«, während die Angehörigen einer vergleichbaren Freiwilligengruppe sich bereits am nächsten Tag wieder frisch und munter zeigten.

Die Kunst der Motivation ist es, für jegliches Handeln – ob im Sport, in der Arbeit und wo auch immer – Leistungsbedingungen zu schaffen.

Kunst und Sinn – Kunst und Leistung

Ist Kunst permanente Leistung? In welcher Beziehung steht Kunst überhaupt zur Leistung, und wie sieht es mit der Sinnhaftigkeit des einen wie des anderen aus?

Früher – und das nicht nur im Mittelalter, sondern bis in unsere Zeit – hieß Kunst vielfach nichts anderes als Arbeit. Man kennt heute noch den Ausdruck »Schwarze Kunst« für das graphische Gewerbe, die Drucker-»Kunst«, und noch in den arbeitslosen zwanziger- und dreißiger Jahren dieses Jahrhunderts fragte ein arbeitsloser Drucker den anderen: »Hast du schon wieder Kunst?«

Auch die Tatsache, daß manche Berufe als »künstlerisch« eingestuft werden, ist nicht neu, obgleich es wohl keinen Beruf gibt, der an sich diesen Titel verdient. Die Maler der Vergangenheit, die Baumeister und Architekten, die Schriftsetzer und Schriftsteller, die Schausteller und Schauspieler, die Steinmetzen, Holzschnitzer und Musiker waren Hand-, Kopf- und wenn man so will Mund-Werker, und wenn ein Künstler unter ihnen war, wurde er entsprechend hoch gelobt. Was Kunst ist, hat immer die Öffentlichkeit entschieden. Als in den ersten Jahren nach dem Krieg in Deutschland die Zensur nach wie vor blühte und nun neben der politischen jetzt vor allem die sittlich-moralische Denunziation im Schwange war, konnte allein der Grundgesetzvorbehalt der Freiheit der Wissenschaft wie der Kunst so manchen Angeklagten vor der Verurteilung retten. Dabei war es außerordentlich schwer, diesen sogenannten »Kunstvorbehalt« im jeweiligen Fall positiv wie negativ zu begründen, und Verteidiger wie Kläger hatten ihre liebe Not, sich gegenseitig klar zu machen, was denn eigentlich Kunst sei. Daß bekannte abstrakte Maler wie atonale Musiker gleichfalls in den Geruch gerieten, Pornographie zu verfertigen, zeigt den ganzen Unsinn der damaligen Szenerie.

Zusammenfassend und nicht zuletzt aus der sogenannten Kunstszene unserer Tage kann man nur sagen, daß in den zahlreichen künstlerischen Berufen nur sehr wenige Künstler überhaupt am Werke sind und selbst ein ganz großer Künstler keinesfalls von morgens bis abends nur Kunstwerke produziert, sondern auch viel Beiläufiges, Zufälliges und mithin für die Mit- und Nachwelt Überflüssiges. Verzichtet der betreffende Künstler bei seinen Werken auf jedwede Aussage – und weil das heute häufig der Fall ist, wird diese Aussagelosigkeit auch von einer professionellen Clique lebhaft verteidigt –, dann verliert das Kunstwerk zwar nicht seinen – meist kommerziellen – Zweck, wohl aber seinen Sinn, und der liegt im kommunikativen Prozeß gegenüber der Öffentlichkeit. Auch Kommunikation ist Dienstleistung. Musterbeispiel dafür sind oft gerade die Sammelausstellungen der ganz Großen, in denen angesichts der Fülle von – auch bei Großen ganz selbstverständlichen – Abfallprodukten nur die Kunst der Kunstwissenschaftler Eindruck macht, über Unwesentliches Wesentliches auszusagen, wie es auch die Medienmacher fertigbekommen, jeden Singer und Springer als internationale Gesangs- oder Ballett-Sensation anzukündigen.

Lassen wir einmal die öffentlich zugesprochene, angemessene oder selbst angemaßte Bedeutung solcher Produktionen außer acht, dann springt nichtsdestoweniger ins Auge, mit wieviel Enthusiasmus, Opferbereitschaft und körperlichem Einsatz da durchs Land ge-single-t und getingelt wird.

Es kennzeichnet jede Arbeit – und erst recht jedes Bemühen im sogenannten künstlerischen Bereich –, daß ihr Sinn zunächst und überwiegend in der ganz persönlichen Bedeutung liegt, die sie für den Urheber selbst hat und erst in zweiter Linie für »die anderen«. (Das Problematische liegt dabei in jenem Qualitätsmerkmal, das wir als »Kunst« kennzeichnen: Hat ein Produkt nämlich ausschließlich subjektive Bedeutung und »sagt« es anderen nichts – woran soll sich dann »Kunst« erkennen lassen?

Anders formuliert: In dem Augenblick, in dem eine Produktion als »Kunst« von anderen als ihrem Urheber empfunden wird, sagt sie diesen anderen sehr wohl »etwas«...)

Wieviele Gedichte wurden nie veröffentlicht, Theaterstücke nie aufgeführt, Bilder nie gelobt und Kompositionen nie beklatscht – und alle hatten und haben sie ihre große Bedeutung für ihre Autoren. Kunst – und wir wollen diesen Begriff trotz seiner kaum möglichen Definition auch hier ruhig beibehalten – ist die vielleicht persönlichste Art, anhand eines Werkes, ganz gleich in welchem Metier, ob mit oder ohne »Aussage«, zumindest über sich selbst etwas auszusagen. Kunst – wenn auch manchmal mit einem entsetzlichen Exhibitionismus verbunden – ist eine sehr persönliche, manchmal verhüllte, manchmal unverhüllte und mitunter auch aufdringlich zur Schau getragene Sinn-Suche. Das unterscheidet Kunst von »bloßer« Arbeit, daß der Sinn der Arbeit keineswegs immer in der Arbeit selbst zu liegen braucht; Arbeit entspricht zwar meist einem Zweck, ohne dabei für den Betreffenden auch immer sinnvoll zu sein. Bei vielen Arbeiten geht es ausschließlich und zweckmäßig um Geld, mit dem Sinnerfüllung dann anderswo angestrebt und finanziert wird. Der Kunst (wenn auch nicht immer jedem sogenannten Künstler) geht es immer nur um Kunst. Kunst ist immer unmittelbar sinnvoll – wenngleich es auch nicht immer gelingt, der Mitwelt gegenüber eine akzeptierte Dienstleistung zu erbringen. Im Gegensatz jedoch zu einem Unternehmen, dessen Angebote vom Markt nicht honoriert werden, muß ein Künstler, wenn er nicht ein Beifalls- oder Publikumsneurotiker ist (und das geht oft Hand in Hand), an mangelnder Akzeptanz nicht unbedingt zugrunde gehen. Künstlerische Tätigkeit ist intrinsisch genug, um sich selbst zu rechtfertigen.

Sinn der Arbeit

Arbeit ist die menschlichste Form der Lebensbewältigung überhaupt. In diesem Sinne gibt sie dem einzelnen die Möglichkeit, sich in einer ganz persönlichen Weise zum Ausdruck zu bringen. In dem Maße, wie dies gelingt, erfüllt sie für den Arbeitenden ihren Sinn. Weist eine Arbeit jedoch keine Gelegenheit auf, neben der Erfüllung ihres Zwecks auch Ausdruck der Persönlichkeit und somit Gelegenheit zur Persönlichkeits-Entwicklung zu sein, kann sie nur noch Zweck – und somit gegebenenfalls Mittel zur Sinnerfüllung an anderem Ort – sein.

Da nicht zuletzt der Platz in der Ordnung der Gesellschaft von der Arbeit und ihrem Dienstleistungwert bestimmt werden, sind persönliches Ansehen, Wertschätzung, soziale Sicherheit und Sozialprestige des jeweiligen Berufes wichtige Elemente der Sinn-Findung in der Arbeit.

Wo Arbeitseinsatz zur Leistung und der Arbeitsinhalt zur persönlichen Aufgabe werden, findet Sinn-Streben seinen unmittelbarsten Ausdruck; dasselbe ist – wie bereits gesagt – bei allen künstlerischen Bemühungen der Fall, mögen sie nun publikumswirksam sein oder nicht. In dem Maße jedoch, wie Sinn-Suche im Künstlerischen in Abhängigkeit vom Publikumserfolg gerät, verliert das Künstlerische selbst seinen Sinn und wird zum bloßen Zweck, der im Publikumsbeifall liegt.

Die Tatsache, daß nicht erst heute, sondern über die gesamte Menschheitsgeschichte hinweg Arbeit immer auch unter ganz anderen, der Persönlichkeitsentwicklung entgegengesetzten Bedingungen, stattgefunden hat und noch immer stattfindet, sollten wir als Pervertierung betrachten, die das Sinnhafte humaner Arbeit eher deutlich macht als widerlegt.

Arbeit ist in der logotherapeutisch/sinn-theoretischen Betrachtung von zentraler Bedeutung. Schon aus anthropologischer Sicht stellt der Bereich der Arbeit das wohl wichtigste Verwirklichungsfeld jener Werte dar, die menschliche Existenz bedingen…

Im Aufgabencharakter der Arbeit offenbart sich deren eigentlicher Sinn – ganz gleich, ob als Verwirklichung schöpferisch/produktiver Werte, als Verwirklichung sozialer Erlebniswerte (Kollegialität, Solidarität u. a.) oder als Arbeit WOZU, also im Dienste einer Idee.

Dabei ist Arbeit kein Privileg des Menschen und schon gar nicht sein Verhängnis. Auch Tiere kennen Arbeit und assoziierte Arbeit, Arbeitsteilung, Zusammenarbeit. Die Verabredung dazu und die Befähigung hat bei ihnen noch die Genetik übernommen. Zusammenarbeit bei der Jagd oder der Brutpflege oder bei der Hilfe für einen bedrängten Artgenossen setzen noch kein höheres Bewußtsein voraus, das ja die Vorbedingung für eine Sinn-Problematik ist.

Letztere wird erst relevant, wenn aus einem Ich-Bewußtsein ein Selbst-Bewußtsein und damit ein Werte-Bewußtsein wird. Hierfür zwei Beispiele:

EIGENTUM hat nicht nur etwas mit »Haben«, sondern auch schon mit »Sein« zu tun und ist damit bereits ein individuelles Differenzierungsmerkmal. Wer »mein« sagen oder »mein« meinen kann wie ein Tier angesichts seiner Beute, kann schon beinah »ich« sagen. Aber Selbstbewußtsein leuchtet erst auf, wenn jemand nicht einen erbeuteten, sondern einen erarbeiteten Gegenstand, ein Werkzeug zum Beispiel, nicht wieder achtlos wegwirft (wie die Affen der Köhlerschen Versuche ihre Stöcke, mit denen sie nach Bananen geangelt haben), so dringend dieser Gegenstand am nächsten Tag wieder gebraucht wird, sondern ihn sorgfältig »für das nächste Mal« aufbewahrt. Das »nächste Mal« bedeutet bewußt vorausgeschaute Zukunft, und Zukunft heißt (auch) Sorge und deshalb (auch) Sorgfalt. Eigentum ist sowohl Bewußtsein der Eigen(en)-Art, des Selbst, wie der eigenen Zukunft – kurz gesagt: Selbstbewußtsein und Selbstverantwortung auch und gerade für das Morgen.

Individuum und Eigentum sind nicht zu trennen. Das Ich-Bewußtsein meldet sich schon beim Kleinkind beim ersten Eigentumsanspruch, wie das Selbstbewußtsein mit den ersten selbständigen und schöpferischen Handlungen beginnt. Eigentum ist sinn-trächtig, in ihm treffen schöpferische und soziale Erlebniswerte im Selbst-Bezug zusammen.

MEHRWERT – Auch dieser Begriff macht die Sinn-Möglichkeiten und Grenzen eines aus der Arbeit abzuleitenden Wertes – diesmal des materiellen Wertes – deutlich: Wenn der materielle Gegenwert der Arbeit allein dazu diente, den Arbeitenden wieder produktionsfähig zu machen, ganz gleich, ob nur zu seinem eigenen oder zu einem fremden Nutzen, dann hätte Arbeit nur einen Zweck, aber keinen Sinn. Das Charakteristikum der menschlichen Motivation ist es ja gerade, daß der Mensch fähig ist, nach etwas zu streben, was nicht nur wieder auf ihn selbst verweist (Frankl): arbeiten eben nicht, um wieder arbeiten, sondern um sinnvoll leben zu können und gegebenenfalls auch außerhalb der Arbeit Werte ganz anderer Art zu verwirklichen.

Ein großer Teil unserer Kultur – man denke nur an die Kunst als den wohl sinnfälligsten Ausdruck menschlicher Gestaltungskraft – wäre gar nicht denkbar, wenn Arbeit sich immer nur als enger Selbstreproduktionsprozeß abwickelte und keinen Mehrwert abwürfe. Gerade weil Menschen die Möglichkeit haben, vorausschauend und vorausschaffend zu arbeiten, also heute bereits ein Pensum zu absolvieren, das morgen Müßiggang oder zweckloses, aber sinnvolles Schaffen ermöglicht, eben weil Arbeit mehr wert sein kann als nur am Maße des zeitlichen Arbeitseinsatzes selbst zu ermessen ist, hat Arbeit – über die kreativen und sozialen Aspekte hinaus – diese den Menschen kennzeichnende Sinn-Bedeutung und nicht nur die ansonsten auch bei Tieren anzutreffenden Zweckmäßigkeiten. Daraus resultiert, daß es unmenschlich ist, dem Arbeitenden den Mehrwert vorzuenthalten, den er braucht, um neben dem Zweck auch noch einen (jeweils individuellen) Sinn zu erfüllen. Wäre es in einer hochorganisierten industriellen Gesellschaft jedoch der ganze Mehrwert, wie es die kommunistische Doktrin erfordert, es sich aber nicht einmal der real existierende Sozialismus leisten kann, weil dann kein Geld mehr für öffentliche Aufgaben übrig bliebe, wäre es um die Kultur – und damit um die Vielzahl gemeinschaftlicher Sinn-Erfüllungen schlecht bestellt. Die Verteilung des ganzen Mehrwertes würde eine erhebliche Schrumpfung einer Kultur wie der unsrigen, wenn nicht deren Untergang bedeuten; die Vorenthaltung jeglichen Mehrwertes wäre schlicht Sklaverei. Der Streit geht in entwickelten Gesellschaften um die akzeptable Grenzziehung.

Sinn-Erfüllung in der industriellen Arbeitswelt muß also einmal in der Arbeit selbst gesucht und versucht werden – als Bewahrung und Erweiterung der Bereiche kreativen Schaffens wie der selbstverantworteten Arbeitsergebnisse, und zum anderen dürfen die Bezüge der Arbeitenden wie der zeitweise Nichtarbeitenden, der Arbeitslosen, nicht unter ein Niveau sinken, das eine Sinn-Erfüllung außerhalb der Arbeit unmöglich macht. Das Dulden oder bewußte Herbeiführen von Sinn-Frustrationen in der Arbeit ist also kein Kavaliersdelikt, sondern pure Menschenverachtung und bewußte Negierung der Qualität des Lebens.

Führung als Sinn-Vermittlung – Pädagogik als Menschenführung

Sinn – so hatten wir gesagt – kann weder »gegeben« noch verordnet noch aufgezwungen – sondern von jedem immer nur gesucht und gefunden werden. Es ist das fatale Mißverständnis vieler Mächtiger zu glauben, daß sie Macht auch darüber hätten, was der einzelne für sinnvoll zu halten habe und was nicht.

Wenn das Kleinkind bereits »trotzig« widersteht, mag es zwar in den Augen seiner Mutter irgend etwas völlig Unzweckmäßiges »im Sinn« haben, der Widerstand selbst aber hat eine durchaus ernstzunehmende entwicklungspsychologische Bedeutung. Er ist sinnvoll.

Auch in der Schule mißverstehen viele Lehrer (und so ziemlich alle Kultusministerien), daß der Sinn der Schule nicht im Unterrichtsstoff, sondern je nach Altersstufe im Lernenlernen besteht, in der Konzentration auf bestimmte gedankliche Inhalte, im methodischen Denken, in der Beherrschung psychophysischer Funktionen, in der Zusammenarbeit, im gegenseitigen Helfen, in der Selbstüberwindung, in der Freude am Lernenkönnen und im Stolz auf das Gelernte, in der Erfahrung von Lob und Anerkennung und im Umgang mit Enttäuschungen, Niederlagen, mit gerechtem und ungerechtem Tadel, mit Zurücksetzung und Kränkung, mit der Verleitung zum Betrug, mit der Nutzung von Vorteilen und der Vermeidung der Übervorteilung anderer, in der Anerkennung der Besseren und dem Verständnis für die Schlechteren, in der Übernahme von Verantwortung, in der Erprobung der eigenen Zuverlässigkeit, im Vertrauen-schenken und Vertrauen-rechtfertigen… und vielem anderen. Wohlbemerkt: der Sinn!

Zielsetzung 1: Persönlichkeit entwickeln

»NON SCHOLAE SED VITAE DISCIMUS« – so haben es noch die meisten Lehrer und Ministerialbeamten einmal gelernt: Wir lernen für das Leben, nicht für die Schule.

Der Schulort ist die *Gelegenheit,* der Unterrichtsstoff ist das Übungs*material* wie auch die gesamte soziale Situation der Schule – somit also der *Zweck* – und die zuvor genannten und andere Inhalte repräsentieren den *Sinn* der Schule, den man auch kurz als *Persönlichkeitsentwicklung* bezeichnen kann. Frankl: »Mensch sein heißt Mensch werden«. Der Antrieb zur Persönlichkeitsentwicklung, sofern er nicht gewaltsam unterdrückt wird, ist einer der stärksten Impulse des Menschen überhaupt. Schneidet man einen Menschen von dieser Entwicklung ab, zum Beispiel indem man ihn von früh an gängelt und bis in sein spätes Alter bevormundet einschließlich der sogenannten Überbehütung, dann hat man sein eigentliches Mensch-Sein – nämlich die Menschwerdung – abgetötet. So gesehen geistern durch unsere Gesellschaft eine Unmenge von »Zombies«, und man findet sie überall dort, wo man so schön parieren kann, wo unwidersprochene, unreflektierte »Ordnung das halbe Leben« ist (aber eben nur das halbe) und Ruhe die erste Bürgerpflicht.

Rechnet man dazu noch die stets gegenwärtigen Aufopferungsmasochisten, dann hat man alle Träger von Unterwerfungsrollen zusammen und braucht sich nicht zu wundern, warum auch zweitklassige Politiker immer wieder ein Heer von anbetungssüchtigen Wählern finden, Törichte und Denkfaule eingeschlossen.

Was Goethe von den Eltern wußte: »Was könnten wir erzogene Kinder gebären, wenn nur die Eltern erzogen wären« gilt auch für den kleineren Teil der Lehrer, der größere ist besser als die Schule als Einrichtung es verdient. Ist schon das Studium der Pädagogik nicht schwerpunktmäßig auf Persönlichkeitserziehung ausgerichtet, so nehmen die Curricula erst recht kaum Notiz davon. Fächerhierarchien, Punktesystem und abfragbares Wissen, vor allem aber frühzeitiges, völlig verfehltes Konkurrenzdenken als Ergebnis wie Angelpunkt aller Bemühungen lassen es gar nicht zu, der Persönlichkeitsentwicklung des einzelnen offiziell die mindeste Chance zu geben, wenn es der einzelne Lehrer – die Lehrerinnen hier immer eingeschlossen! – nicht von sich aus tut. Die Schule als Schüttelrost, der durch »Herausprüfen« dem Staat schon das Menschen-Material für seine vielfältigen Aufgaben liefern wird ... Gelegentliche verbale Bekundungen des Gegenteils reichen noch nicht einmal aus, um ein schlechtes Gewissen der Beteiligten auch nur anzudeuten.

Dabei soll hier nicht einer schulischen Beliebigkeit das Wort geredet werden. Konkrete, klar gegliederte und auf Bildung wie auf spätere Ausbildung gerichtete Unterrichtsstoffe sind der natürliche ZWECK der schulischen Abläufe. Aber der pädagogische Umgang mit diesen Zwecken darf den SINN der Schule nicht zerstören. Der entsprechend geschulte Lehrer muß die Möglichkeit haben, auf den einzelnen Schüler anhand der verschiedenen Unterrichtsinhalte einzugehen und die Lernergebnisse des einzelnen in Beziehung zu dessen allgemeiner psychophysischen- und Charakterentwicklung zu setzen. Sport, und zwar nicht nur der Leistungssport der wenigen, sondern der Breiten- und Mannschaftssport der vielen, Mitwirkung in der Schülerselbstverwaltung und in anderen gesellschaftlichen Gruppen sollten von der Schule ebenso gefördert und anerkannt werden wie das (notwendige) abfragbare Wissen.

Pädagogik ist Menschenführung und die absolute Gegenposition zur Schulmeisterei, die einstmals Sache kriegsentlassener unversorgter Unteroffiziere war.

Zielsetzung und Methodik der Schule müssen dieser Führungsaufgabe entsprechen, und die Qualifikation der Lehrer aller Schulstufen hat in erster Linie deren Persönlichkeitswerte und Führungsfähigkeit zu berücksichtigen, ausreichende wissenschaftliche Kenntnisse sind nicht zweitrangig, sondern selbstverständlich. Wie oft hat »ein guter Lehrer«, der plötzlich aus organisatorischen Gründen von einem Tag auf den anderen ein ihm bis dahin unvertrautes Fach übernehmen mußte, gezeigt, daß ihm die inhaltliche Anpassung durchaus gelang, während ein pädagogisch und als Führer von Menschen untauglicher nicht einmal in dem Fach Erfolg hat, in dem er seine Staatsprüfungen abgelegt hat.

Persönlichkeitsentwicklung als Methode und Zielsetzung kann gar nicht früh genug beginnen. Wenn erst einmal kommerzielle Interessen, Einkommen, Prämien, Karriere und Prestige das Arbeitsleben weitgehend bestimmen, ist es für die Entwicklung zur Persönlichkeit zu spät. Unser politisches System, das für den aufstrebenden Politiker mit einem langen Marsch durch die Institutionen beginnt, verleiht einer solchen ungefestigten Figur dann ihre endgültige Gestalt. Ehe der Betreffende schließlich das Ende des Karrieretunnels erreicht, hat er bereits soviel Stromlinienförmigkeit angenommen, daß er nur noch als politischer Aal das Licht der relativen Handlungs- und Gedankenfreiheit erblickt. Viel Staat ist mit diesen Erzeugnissen einer verfehlten gesellschaftlichen Erziehung nicht mehr zu machen.

Der Sinn der Gesellschaft, Forum für die Individualentwicklung im Dienst an der Gemeinschaft zu sein, ist dann ebenso verfehlt wie der *Sinn des Einzeldaseins in dieser Gesellschaft:* Persönlichkeitsentwicklung zur Selbstverantwortlichkeit in einer Gemeinschaftsbindung. Es war das Mißverständnis der Nachkriegszeit, aus Angst vor der Pervertierung des Gemeinschaftsgedankens wie im Nationalsozialismus zu glauben, daß »Gesellschaft« als Inbegriff für pluralistische Interessenvertretung genüge, um ein tragfähiges soziales Programm abzugeben und diese Gesellschaft zum Zusammenleben nichts weiter beizusteuern habe, als einen Rattenkönig von Gesetzen zur einigermaßen friedlichen Konfliktregelung. Der menschliche Eigennutz ist jeder gesetzlichen Regelung voraus.

Wenn wir uns zu fragen haben, was »Gesellschaft« als Sinn – nicht zu verordnen, wohl aber – zu ermöglichen, zu vermitteln hat, dann kann dies nur ein »Werden zur Gemeinschaft« sein. Aber nur die verantwortungsbewußte Persönlichkeit kann Träger einer solchen Entwicklung werden. Gelingt dies nicht, haben wir es mit einer Vielzahl von »Staatsbürgern« zu tun, deren »Sinn«en und Trachten vor allem darauf gerichtet ist, nicht der Gesellschaft zu dienen, sondern sich ihrer zu bedienen. So schnell können die Gesetze (vor allem im EG-Maßstab) gar nicht novelliert, die Polizei verstärkt und die Gefängnisse »nachgerüstet« werden, um der – mit zunehmendem Wohlstand und dem immer größer werdenden Bewegungsspielraum des einzelnen – sich ausbreitenden Wirtschafts-, Umwelt- und flächendeckend organisierten allgemeinen Kriminalität zu begegnen. Nur Persönlichkeiten widerstehen Versuchungen, verzichten zugunsten sinnvoller Entwicklungen auf das »schnelle Geld«, widerstehen den Scheinzwängen des Prestigedenkens, sind unabhängig von der sogenannten öffentlichen Meinung, lassen sich nicht nur mitten im großen Strom treiben, sondern »steigen auf wie der Drache im Gegenwind...«

Zielsetzung 2: Leistung ermöglichen

Was Leistung ist, hatten wir bereits gesagt: freiwilliges Handeln mit selbstgesetzten Zielen nach eigenen Normen und in Einsicht in das Sinnhafte dieses Tuns, bis an die Grenze des Möglichen: »sein Bestes geben«.

Führung soll zu Leistungshandeln motivieren und die Voraussetzungen dafür schaffen.

Dieses gilt nicht nur im Rahmen freigewählter Arbeitsbedingungen, sondern gerade auch in der Schule wie an Arbeitsplätzen in der Wirtschaft oder anderswo.

Das macht zunächst eine Unterscheidung zwischen Führung und Leitung erforderlich:

LEITUNG strukturiert sachliches Handeln –
FÜHRUNG strukturiert personales Handeln: Zusammenarbeit.

Leitung fragt nach dem Objekt (was soll geschehen), nach dem methodischen Aspekt (wie soll etwas geschehen) und ist *zweck*-gebunden (welcher Nutzen wird erwartet).
Leitung begründet *Ko-Ordination.*

Führung fragt nach dem Subjekt (wer soll handeln),
nach dem motivationalen Aspekt (wie wird motiviert)
und ist *sinn*-orientiert (welche individuelle Bedeutung hat das Handeln für den Betreffenden).
Führung begründet *Ko-Operation.*

Leitung heißt
objektive Kosten/Nutzen-Bedingungen
schaffen.
Führung heißt
individuelle Motivationsbedingungen
schaffen:
Motivieren.

Da Handeln unter Kosten/Nutzen-Bedingungen, wie es unter Leitungsgesichtspunkten stattfindet, mit objektiv meßbaren Ablauf- und Ergebniskriterien eingeschätzt werden kann – in der Schule mit allgemein festgelegten Unterrichtszeiten, Unterrichtsinhalten und Zensuren, in der Wirtschaft mit festgelegten Arbeitszeiten (bis hin zu den REFA-bestimmten Körperbewegungen und Arbeitsabläufen), festgelegten Arbeitsinhalten und vor- wie nachkalkulierbaren Kosten –, hat Leitungs-Handeln immer im Vordergrund gestanden.

Führungshandeln ist demgegenüber methodisch sehr viel weniger »objektiv«, das heißt, bezüglich seiner Effizienz, meßbar, da die »Objekte« Menschen und nicht materiell sich niederschlagende Prozesse sind. Welcher Anteil an einem Arbeitsergebnis den strukturellen Arbeitsbedingungen und welcher dem motivationalen Effekt der Betreffenden zuzurechnen wäre, ließe sich nur dann ermitteln, wenn man einmal eine Gruppe unter guter und unter schlechter Führung an ein- und derselben Aufgabe arbeiten ließe. Aber selbst dann würden bereits die bloße Versuchs-Situation, der Wiederholungseffekt trotz Wechsel der Führung u.a.m. die Ergebnisse verzerren. Um die Wirkung von Führung richtig einschätzen zu können, bedarf es größerer Beobachtungszeiträume, sachkundiger, einfühlsamer, dichter Begleitung der entsprechenden Abläufe und vor allem des Willens, mit Hilfe von Führung nicht nur objektiv die materiellen Arbeitsergebnisse zu verbessern, sondern zur Motivation beizutragen und den Arbeitenden zur subjektiven und individuellen Sinn-Erfüllung in der Arbeit zu verhelfen.

Während die Leitungsanweisungen entsprechend dem Unternehmenszweck und den davon abhängenden, allgemein bekannten Arbeitsinhalten mit Aufnahme eines Arbeitsverhältnisses als akzeptiert gelten und ihre Befolgung gegebenenfalls erzwungen werden kann,
muß Führung sich vierfach selbst behaupten:

durch Akzeptanz der Person des Führenden, seines Charakters,
durch ein ausreichendes Minimum an fachlichen Fähigkeiten,
durch Akzeptanz der Führungsziele und
durch Akzeptanz der einzusetzenden Mittel.

Ein »Führen, wohin du nicht willst«, darf es weder in der Politik noch anderswo geben.

Wenn Führung sinnvoll sein will, muß sie vor allem die Sinn-Erwartungen der zu Führenden berücksichtigen.

V
Sinn und Heil(en)

Vom Heil zum Heilen

Mit dem Begriff des »Heils« sind wir bei einem kulturgeschichtlich und psychologisch außerordentlich bedeutsamen Sinn-Element. Das Problem der Heils-Suche zieht sich durch die gesamte Menschheitsgeschichte in all ihren mythologischen und religiösen Versuchen einer Daseinserklärung und Sinn-Findung. Wer dieses Heils teilhaftig ist – ganz gleich ob im Diesseits oder im Jenseits –, hat damit auch zum letzten Sinn gefunden, wobei die Vorstellungen zum Teil recht bildhaft gelingen wie vom Paradies und »Abrahams Schoß«, den Sieben Himmeln des Islam, dem germanischen Walhall und den Ewigen Jagdgründen bis hin zu den düsteren Schattenreichen der Hel, des Hades oder dem Nicht-mehr-Sein des Nirwana u.a.m.

Hinter all dem steht das Gefühl, es mit einer »ganzen« Welt zu tun zu haben, ursprünglich als horizontal geschichtet gesehen mit der Erde in der Mitte (Midgard), darunter das Ver-hehl-te, Verborgene und Unterweltliche, schließlich auch als Hölle, darüber die Gottheit(en). Im späteren Denken werden diese Vorstellungen abstrakter, soweit diese Ganzheit nicht überhaupt nur noch als Materie/Energie-Universum erfaßt wird in immerwährender Explosion und Implosion, beherrscht von allgültigen Gesetzen und einer immerwährenden Ordnung, mag diese von uns nun in allen ihren Erscheinungen bereits durchschaubar sein oder nicht. Auch die modernen Naturwissenschaften, nicht zuletzt beeinflußt durch das Denken in System-Modellen, haben die Idee der Ganzheit eher bestärkt als in Frage gestellt.

Das Heile

Kehren wir jedoch zunächst noch einmal zu früheren Vorstellungen zurück. Danach ist diese Ganzheit kraft ihrer natürlichen und damit göttlichen Ordnung *heil,* und das Heile ist somit gleichbedeutend mit dem in Ordnung Befindlichen – in einer naturhaften, natürlichen, kosmischen, göttlichen Ordnung.

Etymologisch ist das Heile auch das Unversehrte und das somit Ganze, damit auch das Gesunde, das unter günstigem Vorzeichen Stehende, das auf die Zukunft Gerichtete. Schon bei dieser Definition tauchen bereits alle späteren – im Zusammenhang mit dem Heilen als Therapieren zu erörternden – Elemente auf. Heil-Sein bedeutet deshalb auch immer das Im-Werden-Befindliche und somit das sich im Werden Verändernde, denn diese Fähigkeit ist eines der wichtigsten Kriterien des Lebendigen. Das Heile – und das ist besonders im Hinblick auf seine Bedeutung als Therapieziel wichtig (wieder heil werden) – ist also nichts Statisches, sondern etwas durchaus Dynamisches, kein *Zustand,* sondern ein immerwährendes geordnetes *Werden.*

Das Heil

ist die Kraft, die in dieser Ordnung liegt und von ihr ausgeht – bezogen auf das Kosmische: von dieser Welt-Ordnung, in der jeder/jedes seinen Platz hat. Dieser Platz entscheidet über die Aufgabe, die jeder in dieser Ordnung zu erfüllen hat wie – psychologisch und gesellschaftlich – über die Bedeutung, die ihm in dieser Ordnung *durch diese Aufgabe* zukommt.

Nur derjenige, der Anteil an dieser Kraft aus dem Heil (als Kraft aus dem Heilen und Ganzen) hat – der selbst heil ist und Heil ausstrahlt, kann heilen. Dabei beweist das Überstehen einer Krankheit, daß in dem einstmals Kranken die speziellen Kräfte stecken, die eine Heilung dieser Krankheit nun auch bei anderen ermöglichen. Die moderne Vorstellung der Immunität wie der Wirkungsweise des Impfens – heute auf biochemischen Erkenntnissen beruhend – war also auch schon im magischen Denken vorgegeben. Im alten Ägypten beispielsweise konnte nur derjenige Arzt = Heiler, und zwar auch nur eines speziellen Gebrechens, werden, der dieses an seinem eigenen Leibe »durchgemacht« hatte; wer also ein Leiden des rechten Auges behandeln wollte, mußte selbst eine solche Augenkrankheit überwunden haben. Auch bezüglich unserer heutigen konkreten Kenntnisse von Antikörpern und Immunreaktionen ist dies recht interessant, zeigt das Einfühlungsvermögen der alten Heilkunst doch, daß man durchaus ein Gefühl für die Verbindung von physiologischen und psychologischen Kräften besaß, wenngleich auch in einer medizinisch-naturwissenschaftlich nicht relevanten Weise. Ein »kaputter Typ«, wie man heute sagt, kann also nicht heilen, er kann auch keinen Beitrag zu einer Selbsthilfegruppe leisten, wie andererseits diejenigen die wichtigsten Träger solcher Gruppen sind, die selbst erfolgreich das betreffende Leiden durchgestanden haben. Daß dabei nicht die physiologisch, sondern die psychologisch mobilisierten Kräfte therapeutisch eine Rolle spielen, wissen wir heute – an der grundsätzlichen Erkenntnis ändert dies aber nichts: Der Heiler verfügt offenbar über einen bestimmten Teil dieses Heils, er hat Anteil daran, und zwar gemäß der Rolle, die er als naturwissenschaftlich geschulter Mit-Wisser an den medizinischen Abläufen einer Krankheit oder aufgrund seiner Persönlichkeit und Erfahrung bei der psychologischen Beeinflussung des Heilungsgeschehens spielt.

Aus der Vergangenheit ist uns die Institution der Priester-Ärzte-Könige bekannt, die ihren Einfluß kraft des Anteils am großen Heil der naturgegebenen Weltenordnung als Angehörige eines des Heils teilhaftigen, heilskräftigen Geschlechtes besaßen. Noch das Gottesgnadentum der Kaiser und Könige unseres Jahrhunderts hat in diesem Denken seine Wurzeln. Mitunter reichte das Heils-Potential früherer Potentaten, von dem die Ernten, die Fruchtbarkeit der Frauen oder das Jagd- und Kriegsheil der Männer abhingen, nur ein Jahr lang wie bei den Sommerkönigen des südlichen Sudans. Wenn deren Heil nach Ablauf eines Jahres als erschöpft galt, wurde der jeweilige König von seinen Frauen erdrosselt, ein Brauch, dem erst die Franzosen Ende des vorigen Jahrhunderts ein Ende bereiteten. Anderswo, zum Beispiel bei den Germanen, erlosch das Heil erst mit dem Geschlecht selbst. So hatten die Cherusker, nach den jahrzehntelangen Auseinandersetzungen erst mit den Römern, dann mit den germanischen Feinden des Arminius, die Angehörigen ihres kampfheil-bewährten Herrschergeschlechtes ausgerottet ... bis auf einen noch in Rom lebenden Neffen des Arminius, den sie sich dann vom römischen Kaiser »ausbaten«, weil sie glaubten, vom Heil dieses Geschlechtes abhängig zu sein. (Ein gar nicht so falscher Eindruck übrigens: denn als jener Neffe, von der Unregierbarkeit der Cherusker überzeugt, sich wieder nach Rom absetzte, war es dann mit den Cheruskern endgültig vorbei, und sie versanken im Nebel der Geschichtslosigkeit.)

Die Heruler gar, in demselben Heils-Dilemma, besorgten sich emigrierte Heilsinhaber ihres Königsgeschlechtes sowohl in Byzanz wie in Skandinavien und schickten dann den »Byzantiner« wieder nach Haus, nachdem ihnen der »Skandinavier« bei näherer Betrachtung ergiebiger erschien. Die fränkische Königin Fredegunde erschien auf dem Schlachtfeld mit ihrem zweijährigen Söhnchen auf dem Arm, weil diesem Knäblein, wie die Franken wähnten, das Sieg-Heil der fränkischen Könige innewohne, und siehe da: die Franken siegten. Ähnlich verfuhren die Ostangeln, die einen bereits abgedankten uralten König aus einem Kloster hervorholten, in das jener sich zurückgezogen hatte – gegen dessen Widerstand übrigens. Der Alte schrie Zeter und Mordio und weigerte sich ganz entschieden, auf der Tragbare aufs Schlachtfeld verschleppt zu werden. Aber das half ihm gar nichts, wohl aber den Ostangeln, deren Feinde angesichts des heilsmächtigen Königs das Schlachtfeld räumten. Auch König Olaf der Heilige war nicht nur im kirchlichen Sinne heilig, sondern auch heilsmächtig im Sinne des Königsheils und in der Lage, es an andere weiterzugeben. So heilte er – wie andere fränkische (Karl der Große), schwedische, norwegische, dänische und französische Könige durch Handauflegen, die französischen Könige taten dies noch bis in das 16. Jahrhundert hinein. Das Küssen des päpstlichen Rocksaumes, des Bischofsringes, das Babyküssen publikumslüsterner US-Präsidenten, das Händeschütteln frenetischer Massen beim Durchzug ihrer Führer, Vorsitzenden und Generalsekretäre, all das hat noch etwas mit der magischen Wirkung des Heils zu tun, das diesen Heil- und oftmals Unheil-Bringern zugesprochen wird.

Ein solches Heil ist (in Grenzen) übertragbar als Sieg-Heil, Kampf-Heil, Jagd-Heil, Fisch-Heil, Wind-Heil usw., und man konnte es anderen wünschen. So grüßten die alten Römer mit »Heil« (und 2000 Jahre später die jungen Römer und andere Leute auch), und die Jäger wünschen sich noch heute »Waidmanns-Heil«.

Das Heilige und der Heiler

Der Priester, König, Staatsmann, Führer, Arzt, Therapeut muß über ganz bestimmte Kräfte verfügen, die ihm vom Glauben und Vertrauen derer, die von ihm Heil und Heilung erwarten, »abgenommen« werden. Fehlt dieser Glaube, dann kann es jedem Heiler so gehen, wie einst Jesus von Nazareth, der zu Haus, wo ihn jeder kannte (»ist er nicht der Zimmermann, der Sohn der Maria, und der Bruder des Jakobus... usw.?) die Erfahrung machen mußte: »Der Prophet gilt nirgend weniger denn in seinem eigenen Lande« (Markusevangelium).

In dem Maße, wie der Heiler Anteil am Heil hat und damit über Heil verfügt, ist er teilhaftig dieses Heils und somit heilig. Glaube bedeutet Anteil-*Nahme* an der Heilspotenz, über die der Heilige verfügt und die er ausstrahlt (Charisma, griech.: Gnade, Ausstrahlung) und Bereitschaft, das Heil und damit auch die Prinzipien seiner Ordnung zu übernehmen. Das kann man ganz eng als verordnete Therapie verstehen und das Sicheinordnen in die Hausordnung eines Krankenhauses, aber auch als umfassenden Wiedergewinn eines geordneten Lebenszusammenhanges und damit als die *Wiedergewinnung des Sinns im Leben.*

Die Zusammengehörigkeit von Heil und Sinn liegt auf der Hand. Wenn der Sinn jeweils die Ordnung eines Systems – und somit auch des Systems »Welt« und des Systems »Organismus« mit allen Subsystemen – offenbart, so bedeutet Kranksein, wie schon Augustin es nannte: Ent-Ordnung, Unheilsein. Auch Thomas v. Aquin hat Kranksein ganz modern nicht als einen Stein im Wege, sondern als ein Loch auf dem Lebensweg aufgefaßt, als etwas, das »uns fehlt« (die berühmte Arztfrage), und zwar am Heil-Sein, am Ganz-Sein in unserem Leben. Moderne Interpretationen haben Krankheiten als »Körperstreik« definiert. Aber das wäre wohl nur die »halbe Wahrheit«, es sei denn, wir faßten den Begriff »Körper« noch immer nicht als Ganzheit von Soma, Psyche und Geist auf. *So ist es dann die Frage nach dem Sinn, die den Weg in die Neuordnung der Lebensverhältnisse – und damit zum Heil-Sein und zum Heil – des jeweils individuellen Lebens weist.*

Heilheit Ganzheit Gesundheit

Die vielfältigen, unsere Gesundheit belastenden physikalischen, chemischen und biochemischen Umwelteinflüsse haben uns drastisch vor Augen geführt, daß die Welt, in der wir leben, ein ganzheitliches System ist, in dem es kaum isolierte Wirkungen gibt. Machen wir uns darüber hinaus noch klar, daß Ärger auf den menschlichen Organismus toxischer wirkt als Angst – um nur ein Beispiel aus dem weiten psychosomatischen Wirkungsbereich zu nennen (wenn Sie jemanden ärgern, begehen Sie eine konkrete Körperverletzung!) – so wird uns die Ganzheit dieser Systembeziehung vor allem auch hinsichtlich ihrer psychisch-geistigen Zusammenhänge deutlich.

Unter dem Begriff des Geistigen hatten wir mit Frankl die Verantwortung für die Steuerung der psychophysischen Abläufe verstanden. Auch im Bereich des Heilens hat die Verantwortung ihre Geschichte. In der magischen Phase des Heilens ging es darum, das Heil – und das ist immer gleichbedeutend gewesen mit dem Lebenssinn – im Kontakt zur Gottheit zu suchen. In den altgriechischen Sanatorien, den Tempeln des Gottes Asklepios (Äskulap), wurde dieser Kontakt in einem heilenden Schlaf hergestellt, in dem der Gott dem Träumenden erschienen sein mußte. Nur diese Erscheinung brachte Heilung. Die Wirksamkeit aller Heilmittel wurde in erster Linie in den göttlichen Kräften gesehen, die in ihnen wirkten, so daß zu ihrer Anwendung auch die »vorschriftsmäßige« Applikation unumgänglich war. Nicht jeder konnte das richtige Heilmittel herausfinden, nicht jeder es verordnen, denn dazu gehörte ja auch die Wiedereingliederung des Kranken in eine göttliche Ordnung, wozu nur die ordnungs-gemäßen Beschwörungen in der Lage waren und wozu es bestimmter Voraussetzungen bedurfte. Die deutsche Literatur beginnt, wenn man den Lehrbüchern folgt, mit den »Merseburger Zaubersprüchen« (»been zu been, bluod zu bluod...«). Erst die sogenannten Zaubersprüche ließen ein menschliches Bemühen, einen Verband, eine Schienung, Umschläge, Heiltränke u.a.m. wirksam werden. Noch die mittelalterlichen Mönche – neben den von ihnen heftig bekämpften »weisen Frauen« –, damals Träger der Heilkunst, nahmen vor jeder Wundversorgung oder sonstigen Behandlung zunächst eine Reinigung der Seele durch Beichte und Abendmahl vor, ehe sie sich ans Heilen machten. Zu jeder Heilbehandlung gehörte auch die heilige Handlung mit Gebet, Segen und dergleichen, mitunter aber auch so manchem, das wir heute schlicht als »Magie« abtun würden. Wären diese magischen Handlungen nicht von kirchlichen Würdenträgern vorgenommen worden, wie zum Beispiel von der berühmten Äbtissin Hildegard von Bingen, die ein noch heute gelesenes Buch über Naturheilkunde und Heilpflanzen geschrieben hat, wäre manchem frommen Heiler der Scheiterhaufen nicht erspart geblieben.

Auch das ist ein Ausdruck von Ganzheit: die Suche nach dem körperlichen Heil und dem Heil der unsterblichen Seele, wie sie die Priester-Ärzte oder König-Priester-Ärzte als Ganzheit aller Lebenskräfte anstrebten.

Mit der Einbeziehung des Göttlichen in den Heilungsprozeß wurde aber nicht nur die Gottheit für das Krankheitsgeschehen mit in die Verantwortung und somit »zur Verantwortung gezogen«, sondern umgekehrt: Beichte und Gebet machten die Verantwortung des Kranken vor der Gottheit deutlich. Mit der Beichte brachte er wieder Ordnung in sein sündiges Leben, wie die Anrufung der Gottheit überhaupt, ob im Christentum oder in der vorchristlichen Zeit, das Erkennen und Anerkennen der göttlichen Welt- und Lebensordnung bedeutete. Die Heilung war nicht »umsonst«, sie kostete Unterwerfung unter die göttliche (und kirchliche) Ordnung, und sie verlangte Opfer, rituelle und materielle, letztere mitunter in beachtlicher Höhe.

Dieses Bewußtsein der körperlichen und existentiellen Ganzheit ist dann Kranken wir Heilern für einige Jahrhunderte weitgehend verloren gegangen, und die sich entwickelnden Naturwissenschaften wie die Religion haben ihre eigenen Wege eingeschlagen. Den Naturwissenschaften ist dies sicher recht gut bekommen. Aber gerade die Medizin der letzten hundert Jahre macht deutlich, wie schwer der Weg zu einem neuen Ganzheitsbewußtsein gewesen ist: zunächst als Anerkennung psychosomatischer Zusammenhänge, dann als aktive Einbeziehung der Persönlichkeit des Kranken in den Heilungsprozeß einschließlich der darauf einwirkenden sozialen Bedingungen seines Umfeldes. Ganzheit ist heute mehr als in der Frühzeit der menschlichen Entwicklung, als sich die Einsicht lediglich zwischen Körpererfahrung und Glaubenswirklichkeit bewegte – aber sie ist auch ein bißchen weniger, eben weil sie die religiöse Erfahrung weitgehend ausspart.

Die Erfahrung dieser Glaubenswirklichkeit als einer der menschlichsten Formen der Daseinsbewältigung ist nicht zuletzt aufgrund des mitunter höchst befremdlichen konfessionellen Schattenboxens aus unserem Bewußtsein geraten und wird heute vielfach als rein säkulare Sinn-Frage behandelt, denn Sinn-Suche ist nicht unbedingt von Religiosität in unserem heutigen konfessionsabhängigen Sinne abhängig, sondern auch ohne letztere denkbar; aber Religiosität ist immer Sinn-Suche.

Sinn der Krankheit

Dem physiologischen Zweck einer Krankheit als Überwindung eines körperlichen Mangels, als Ausfüllen eines »Lochs auf dem Lebenswege«, müssen wir ihren Sinn gegenüberstellen. Dieser Sinn liegt vor allem in der *Selbsterfahrung*.

Aus der kaum übersehbaren Vielfalt der Möglichkeiten sollen hier einmal nur drei Krankheitsaspekte herausgestellt werden, bei denen das oft Unlogische, offensichtlich Unrealistische und extrem Subjektive solcher Sinn-Interpretationen zum Ausdruck kommt. Dabei wollen wir zwischen *zufälligen, gesuchten* und *verdrängten Krankheiten unterscheiden.*

Die zufällige Krankheit – ganz gleich ob als Krankheit oder Unfall – wird als Zwischenfall im Leben angesehen, den es zu überwinden gilt. Der Betroffene will nicht krank sein, er ist viel zu sehr von anderen Dingen in Anspruch genommen, um sich Kranksein leisten zu können. Gleichzeitig gibt ihm die Krankheit Gelegenheit, sich und anderen seine Fähigkeit zur Selbstüberwindung, zur Übertrumpfung der eigenen Schwäche und zur Hinnahme von Schmerzen zu beweisen. In derselben Weise wird auch das Mitempfinden wie das Mitleid der Umwelt, oftmals schroff, zurückgewiesen. Operationen bitte ohne Narkose. »Heldentum unter der Bettdecke« könnte man abschätzig sagen, nichtsdestoweniger ist jedoch das Ausmaß an Selbstverantwortung beachtlich. Schuld wird weder bei anderen noch beim Schicksal gesucht, höchstens bei sich selbst. Im Unterschied zu einer unprätentiösen Gelassenheit, die noch mehr Eindruck machte, wirkt lediglich der heldische Aspekt ein bißchen aufdringlich. Der Sinn dieser Krankheit liegt für den Betroffenen ganz eindeutig in der Demonstration, in dem sich und anderen Beweisen des »Darüberstehens«, vor allem dann, wenn die Krankheit Aussicht auf baldige Genesung bietet. Wir haben es hier mit einer besonderen Spezies von »Einstellungswerten« zu tun, wie sie Viktor Frankl, allerdings in einem ganz anderen Bezug, beschrieben hat und wie sie uns im folgenden noch beschäftigen werden.

Die *gesuchte* Krankheit ist schon vielfach als die »Flucht in die Krankheit« beschrieben worden. Der Betroffene hat sein Selbstbild gegen eine Krankengeschichte eingetauscht. Das, was er ist, ist er als Kranker. Die Krankheit stellt gewisermaßen das Subjekt und der Kranke lediglich das Objekt dar. Der Kranke will auch keinesfalls gesund werden... ja nicht! Was bliebe denn noch, wenn man in seiner Sinn-Konstellation die Krankheit als den kennzeichnenden Faktor eliminierte! Eine solche Einstellung ist keineswegs auf Neurotiker begrenzt, sondern findet sich nicht selten auch bei chronisch Kranken und bei nicht wenigen Versehrten. Eine Variante liegt höchstens noch darin, daß bei den einen die Beeinträchtigung noch als »Krücke« dient, auf die man sich stützt, während sie für andere längst zum »Wagen« geworden ist, in dem man sich nur noch fahren – um nicht zu sagen: treiben – läßt.

Gesuchte Krankheiten wie sorgsam kultivierte Defizite erscheinen geeignet, für eine Vielzahl von Sinn-Frustrationen herhalten zu können. Die Unfähigkeit, Konflikte zu lösen oder mit unbefriedigenden Lösungen fertig zu werden, ist nur eine von ihnen. Die Krankheit wird in einem solchen Fall im weitesten Sinne zum SINN, zum WOZU des Weiterlebens – denn an den Zwecken, die es im Lebenszusammenhang zu erfüllen gilt, zum Beispiel an dem Konflikt selbst, ist der Betreffende gescheitert. Aber auf die Problemlösung schien es ihm auch gar nicht angekommen zu sein, wichtiger ist sein Lebenselement, die Krankheit, die psychologisch alles verständlich macht, für den Betroffenen selbst und, wie er meint, auch für die anderen.

Auch Kranksein als Rache oder Strafe spielt in mancherlei Sinn-Konzeptionen eine Rolle. Damit meine ich noch gar nicht die vorgetäuschte Krankheit, eine Grippe etwa, die ein ge»kränkter« Mitarbeiter einmal seinem Chef »nicht erst im Herbst, nein, diesmal schon im Frühjahr!« antun wollte. Ich meine die Krankheit als Strafe für sich selbst oder andere. Es ist gar nicht so selten, daß ein Mensch sich übelnimmt, dieses nicht erreicht oder jenes verschuldet zu haben und er sich nun eine Krankheit als Selbstbestrafung »auferlegt«; andere wiederum lassen mit ihrer Krankheit andere, vor allem Familienangehörige, entgelten, was sie jenen als Schuld oder Versäumnis zur Last legen.

Als *verdrängte* Krankheiten können wir diejenigen ansehen, bei denen der Kranke so tut, als wolle er gar nicht krank sein, im Grunde genommen aber nicht den Mut hat, etwas Ernsthaftes für seine Gesundheit zu tun. Will er krank sein oder nicht? Die verdrängte Krankheit, die ja auch eine Form von verdrängtem Bemühen um Gesundheit ist, läßt beide Möglichkeiten offen. Sie bietet eine doppelte Hintertür: einmal den Ausweg, schließlich doch noch auf eine Krankheit zurückgreifen zu können, wenn's gar nicht anders geht. Zum anderen erlaubt diese Vorstellung sich selbst die Inkonsequenz (und Verantwortungslosigkeit) nicht übelnehmen zu müssen, gegen die mögliche Krankheit etwas zu tun, weil man schließlich so tapfer ist, nicht krank sein zu wollen. Aber vorgetäuschte Gesundheit ist nicht besser als verdrängte Krankheit. Die Anzahl derjenigen, die aus Angst vor einer Krankheit sich nicht zur Möglichkeit des Krankseins bekennen, ist riesengroß. Zu ihnen gehören alle diejenigen, die nie zu einer Vorsorgeuntersuchung gehen, und die vielen, die längst tot sind, weil sie nie hingegangen sind.

Der Umgang mit dem (möglichen) Kranksein ist auch eine Form des Umgangs mit dem Lebenssinn. Der gute Arzt, der gute Therapeut, läßt die Frage nach dem Sinn nie auf sich beruhen, weil nur ein offen dargelegter Sinnbezug auch eine klare Therapie ermöglicht. Das bedeutet nicht, daß nun bei jeder Befindlichkeitsstörung oder jedem Unfall Sinn-Probleme zu erörtern wären. Anders ist dies bei länger währenden Krankheiten, bei chronischen Leiden und irreparablen Krankheits- oder Unfallfolgen. Für so manchen Betroffenen wird das Fertigwerden mit der Krankheit rasch zum Problem.

Die Vielfalt der Möglichkeiten, eine Krankheit sinnvoll – und objektiv gesehen manchmal auch in unsinnigster Weise – zu interpretieren und in das eigene Lebenskonzept einzuordnen, ist so groß wie die Vielfalt menschlicher Charaktere.

Wie jedes Ereignis im Leben, so hat auch eine Krankheit für den Betroffenen ihre Bedeutung. Eigentlich müßte man sagen »seine« Bedeutung, denn der Kranke ist es, der diesen Sinn für sich ganz persönlich erkennen und wirksam werden lassen muß – individuell und der Situation entsprechend, aber nichtsdestoweniger realistisch und ohne subjektive Verzerrungen. Kranksein ist eine derjenigen Herausforderungen im Leben, die am unmittelbarsten die Begegnung mit dem Selbst vermitteln und damit auch die Gelegenheit, den Umgang mit der Selbst-Verantwortung zu erproben. Dies gegebenenfalls aufzuzeigen und Wege zu weisen bei der *Suche nach dem Heil als Suche nach dem Sinn* ist Aufgabe des »Heilers«.

Sinnvoll heilen

Der 80jährige Arzt Guido Franconi bekannte in seinem Lebensbericht, daß er eigentlich bei jeder Diagnose eines Kranken acht »Dimensionen des psychologischen Deutens« zu berücksichtigen gehabt hätte (wozu er allerdings nie gekommen war): die Dimension der naturwissenschaftlichen Kausalität, mögliche vegetativ-nervöse Störungen, lokale Befunde aus chirurgischer Sicht, biochemische Insuffizienzen, dann soziale Einwirkungen auf das Krankheitsgeschehen, aktuelle Konflikte, tiefenpsychologische und weltanschauliche Aspekte, die eigene ärztliche Güte (Agape) und schließlich Aufklärung über den Sinn des Lebens.

Die von Viktor Frankl entwickelte Logotherapie unterscheidet in ihrer Vorgehensweise zwei Stufen. In der ersten, der Existenzanalyse, wird mit dem Betroffenen dessen Lebenssituation besprochen mit dem Ziel, ihn wieder auf sein Verantwortlichsein zu verweisen. »Rückbesinnung auf den Sinn und die Werte ist soviel wie Rückbesinnung auf ein Sein-sollen, und Selbstbesinnung auf die Freiheit und die Verantwortlichkeit sowie Selbstbesinnung auf ein Sein-können« (Frankl).

Die zweite Stufe, die eigentliche Logotherapie, sucht dann zusammen mit dem Klienten neue Wege, diese Verantwortung auch wahrzunehmen und damit auch neuen Sinn im Leben zu erfüllen. Der Mensch ist zwar, nach Frankl, nicht frei von den Bedingungen, unter denen er auf die Welt gekommen ist, weder von den ererbten (genetischen), noch von den sozialen, aber er ist frei, sich ihnen gegenüber so oder so zu verhalten, sich *unter* sein Schicksal oder *darüber* zu stellen: »Während ich an meiner Veranlagung niemals schuldig sein kann, mag die Gestaltung dieser Veranlagung mir die Chance geben, eine persönliche Leistung zu vollbringen – oder zu versäumen... Ein Talent kann man erben; aber die Entscheidung darüber, ob ich es nutze oder ungenutzt lasse, ist allemal mir selber vorbehalten... Über das, was »das Schicksal ge-fügt hat, darüber hat der Mensch erst noch zu ver-fügen.« (Frankl)

Einem Menschen zu (s)einem konkreten Sinn-Bewußtsein zu

verhelfen, bedeutet also, ihn sich seiner Freiheit – trotz aller biologischen und sozialen Einbindung – bewußt werden zu lassen und damit aber auch seiner Möglichkeiten: »den Logos« nicht nur »im Sinne des jeweils Gesollten aufzuweisen ... sondern die Existenz im Sinne des immer Könnenden aufzurufen« (Frankl).

Beim Therapeuten setzt dies ein hohes Maß an Einfühlungsvermögen voraus (Empathie) – nicht nur wissenschaftlich-psychologisches Hineindenken in den anderen, sondern auch ein gewisses Maß an Sympathie – nicht nur Einfühlen, sondern auch Mitfühlen.

Diese Voraussetzung unterscheidet eine Rechtsberatung, Steuerberatung und Berufsberatung von einer ärztlichen und psychotherapeutischen Hilfeleistung, obwohl diese Vorbedingung zweifellos nicht immer in wünschenswerter Weise gegeben ist. Aber Empathie geht keinesfalls so weit, daß nun der Therapeut jedes Vergehen und Versagen seines Klienten/Patienten gutheißen und er nun in die Haut des anderen, koste es, was es wolle, mithineinschlüpfen muß. Gut bleibt gut, und schlecht bleibt schlecht, und selbst Unfähigkeit dem Guten gegenüber ist nicht unbedingt etwas, das einen Menschen rechtfertigt. Aber von einem Therapeuten muß man erwarten, daß er in dem anderen die noch unausgefüllten Möglichkeiten erkennt, den noch unerfüllten Sinn, dessen jener vielleicht doch noch fähig ist. Das betrifft den schweren Neurotiker ebenso wie den sozial Gestrauchelten. Hier liegt auch der Unterschied zwischen dem Psychotherapeuten und dem forensischen Psychologen bzw. Psychiater. Während der Psychotherapeut grundsätzlich von dem »Menschen als Möglichkeit« (Frankl) im positiven Sinne ausgehen muß, hat der psychologische Gutachter vor Gericht auch die Interessen und den Schutz der Öffentlichkeit mit zu bedenken, und hier beinhaltet die Formel »der Mensch als Möglichkeit« auch die mögliche Wiederholungstäterschaft. Deshalb kann der Spruch eben auch heißen: Im Zweifel *gegen* den Angeklagten.

Realität als Problem

Sinnfindung als individuelles wie situationsabhängiges Problem wird nicht selten dadurch erschwert, daß der Betroffene seine Lebenssituation subjektiv verzerrt wahrnimmt. Wie wir zuvor schon erörtert hatten, muß man häufig in dieser Verzerrung eine Abschirmung vor der Realität sehen, um sich dem durchaus bewußten Sinn zu entziehen und insbesondere die damit verbundene Verantwortlichkeit für das eigene Leben nicht anerkennen zu müssen.

Sinnvoll heilen heißt in diesem Fall, zunächst den Sinn für Realität wiederherzustellen, und das bedeutet, daß sich der Betroffene aus seinem oft mühsam aufgebauten Schutzwall herausbegibt. In dem Maße, wie er sich wieder Schritt für Schritt »ins Freie«, in eine nicht subjektiv verbaute Welt wagt, indem er den Menschen und Dingen um ihn herum *traut* – und zwar so, wie sie sind und nicht so, wie er sie bislang für sich selbst hergerichtet hat – und damit auch wieder sich selbst *vertraut,* in dem Maß ergreift er auch wieder die Zügel in seinem Leben und läßt all die »Krücken«, Hilfsmittel und Helfer los, deren er sich bisher bedient hat.

Daß dies leichter gesagt als in der Praxis getan ist, bedarf wohl keiner Erwähnung. Das Problem des Heilens insbesondere in der Psychotherapie liegt ja nicht in den diagnostischen und therapeutisch-methodischen Aspekten, die heikel genug sind, sondern in der Unfähigkeit, zum Teil auch Unwilligkeit der Betroffenen, »den Weg des Heils« wieder selbständig zu gehen. In der Therapie der Suchtabhängigen hat sich inzwischen die »harte Tour« (angesichts der Rückfallquoten) als nur bedingt erfolgreich herausgestellt. Die Tatsache, daß Suchtabhängige während ihrer Kuren stationär behandelt werden und somit unter Aufsicht stehen, erlaubt es deshalb auch, jemanden einmal für eine Weile »fallen zu lassen und liegen zu lassen« in der Hoffnung, daß ihm sein eigenes Elend wieder auf die Beine hilft.

In der normalen psychotherapeutischen Beratungssituation entfällt eine derartige Möglichkeit. Hat der Therapeut sich erst einmal auf einen Klienten eingelassen und dieser sich auf ihn, kann es sehr wohl auf ein Ringen hinauslaufen wie bei Jakob mit dem Engel: »Ich lasse dich nicht, du seist denn du selbst geworden«. »Mit alledem wird der Rahmen eigentlicher Krankheitsbehandlung allerdings gesprengt. Längst schon geht es nicht mehr darum, einen Menschen aus einer Krankheit herauszuführen; worum es sich handelt, ist vielmehr: ihn zu seiner Wahrheit zu führen ... zu ›seiner‹ Wahrheit; denn dem Psychotherapeuten als solchem kann es weniger um die Richtigkeit einer Erkenntnis gehen als um die Aufrichtigkeit eines Bekenntnisses des Patienten« (Frankl).

Sinnvoll heilen heißt auch, den Kranken von seinem »metaphysischen Leichtsinn« abzubringen (Scheler), von jener mangelnden Verantwortlichkeit für sein Dasein, die sowohl Ursache wie Not seiner dafür eingetauschten Unfreiheit ist und damit auch Ursache für die Aufgabe seines Selbst, zu dessen Rückgewinnung ihn der Therapeut »zwingen« – sprich: bis zum Selbstbekenntnis bringen – muß. »Längst schon sehen wir die Aufgabe der Psychotherapie nicht mehr darin, den Menschen bloß arbeitsfähig und, darüber hinaus, genußfähig zu machen: mindestens in gleichem Maße gilt, daß sie ihn auch wieder leidensfähig machen muß« (Frankl).

Sinn des Leidens

Kein Leiden auf dieser Welt hat je einen Zweck gehabt, aber viele Leiden sehr wohl einen Sinn. Die für das christliche Abendland sinnvollste Leidensgeschichte ist Christi Tod in Golgatha. Sein Leiden gilt zwar als von Gott auferlegt, aber von dem »Menschensohn« Jesus *auf sich genommen.* Es ist Leiden um der anderen, um der Sünden dieser Welt willen.

Immer wieder wird der Mensch auf dieser Erde in schicksalhaftes Leiden »verstrickt« – er gerät buchstäblich zwischen die Fäden der Nornen – und somit in den unaufhebbaren menschlichen »Zwiespalt zwischen Sein und Sollen«.

»Menschliches Sein ist entscheidendes Sein« (Jaspers), und mit dieser Entscheidung ist auch die Möglichkeit des Leidens verbunden. Menschliches Sein ist fakultatives, auf offene Möglichkeiten hin angelegtes Sein. Mit der Gestaltung seines Daseins kann der Mensch sowohl Leiden vermeiden wie aber auch auf sich ziehen. Er kann eine Situation, die ihm das Leiden anderer vor Augen führt, uninteressiert an sich vorübergehen lassen, er kann Mitleid mit den anderen haben, und er kann sich gegen das Leiden der anderen auflehnen und damit möglicherweise selbst Leiden auf sich ziehen. Das Wie seines Leidens zeigt damit zugleich auch das Wozu des Leidens an, dessen Sinn. Einer der Beteiligten am Attentat des 20. Juli 1944 hat erklärt, daß es trotz vorherzusehender Aussichtslosigkeit dennoch notwendig und damit sinnvoll war, dieses Attentat zu wagen, um in der Welt ein Zeichen zu setzen – Sinnhaftigkeit trotz einzusehender Zwecklosigkeit.

Nicht die Aussicht auf Erfolg, sondern die Einsicht in den Sinn ist die Triebfeder gerade der großen, von möglichem Leiden bedrohten Lebensentscheidungen.

Die griechische Mythologie und das altgriechische Theater, das ja nicht nur Amüsiertheater, sondern auch »moralische Anstalt«, Sozialpädagogik war, haben ihrer Zeit die großen menschlichen Leiden vor Augen geführt: Prometheus, Ödipus, Antigone – um nur drei Namen zu nennen: Leiden für die Menschheit, Leiden am Schicksal, Leiden für eine Idee, für ein inneres und gegen ein äußeres Gesetz.

Man kommt zwar mit mancherlei Anlagen auf die Welt, aber die Fähigkeit, Leiden auf sich zu nehmen, muß man erst lernen, weil man erst Erfahrungen mit der Sinnhaftigkeit des menschlichen Daseins machen muß. Wenn die Heranwachsenden bei den sogenannten Naturvölkern bei ihren Einweihungsriten zum Teil erhebliche Torturen auf sich nehmen, so sind sie auch noch stolz darauf, denn es ist der Sinn dieser Schmerzen, der darüber entscheidet, wie stark dieser Schmerz empfunden wird.

Ein selbst verursachter Schmerz tut längst nicht so weh wie ein von anderen, vielleicht auch noch in böser Absicht zugefügter. Eine Selbstverstümmelung gar, um dem Kriegsdienst zu entgehen oder eine Versicherung zu betrügen, scheint noch weniger leiden zu machen, und die am wenigsten empfundenen Schmerzen sind offenbar die von Büßern, Flagellanten und Märtyrern, wenn man Größe und Art der selbst zugefügten Wunden in Beziehung zu dem Demonstriertwerden des Leidens setzt und der Szenerie, in der dies geschieht.

Es gibt offensichtlich eine Hierarchie der Schmerzen, und zwar der physischen wie der »seelischen« (ob die vorgenannten Beispiele dieser Hierarchie entsprechen, sei dahingestellt), und somit gibt es auch eine Hierarchie der Leiden; diese wiederum ist abhängig vom *Sinn dieser Leiden* und deren unterschiedlich tiefgehenden Bedeutung. So wird man den Tod eines Hochbetagten betrauern, ist jemand aber »allzu früh« heimgegangen, wird das Leid größer sein und noch größer vielleicht bei einem jungen Menschen oder gar einem Kind. Das Gefühl für naturhafte Angemessenheit spielt dabei eine deutlich erkennbare Rolle, ähnlich dem Leidenlassen durch körperliche Strafen, wie wir es an dem Strafenkodex früherer Jahrhunderte ablesen können (»Auge um Auge...«).

Die Erfüllung von Sinn als Verwirklichung von Lebens-Werten drückt sich in seinen extremen Formen durch die Leiden aus, die jemand um dieser Werte willen auf sich zu nehmen bereit ist. »Wer ein WOZU kennt, erträgt fast jedes WIE«, hat schon Nietzsche gesagt. Aber nicht nur das freiwillige Aufsichnehmen, auch das Ertragen vom Schicksal auferlegter Leiden kann durch das WIE des Ertragens zu einem Wert an sich werden. Frankl nennt diese Art der Werte »Einstellungswerte«, weil ihre Realisierung in der Einstellung des Betroffenen zu seinem sozialen Umfeld liegt, dem mit dem WIE des Ertragens ein Beispiel gegeben oder das Mitleiden erträglicher gemacht werden soll. Hier wird »Handeln zur Haltung« und »Leiden zur Leistung« (Frankl).

Wie der Zusammenhang von Schuld und Sühne zeigt, können aber auch auferlegte Leiden, zum Beispiel bei der Verbüßung einer Strafe, durchaus sinnvoll sein, wenn diese Strafe von dem Betroffenen selbst als gerecht angesehen wird. Vom Leiden kann also auch Erlösung ausgehen, körperliche und seelische Leiden können den Leidensdruck von Schuld mindern. Insofern hat der Verbrecher, wie Scheler es formuliert hat, auch ein Anrecht darauf, seine Schuld zu büßen. »Wir denken«, sagt Frankl, »daß der Mensch auch ein Recht darauf hat, seinen Schmerz zu leiden. Vorausgesetzt ist nur, daß es auch wirklich ›sein‹ Schmerz ist, daß es sich um das existentiell sinnvolle Durchleiden schicksalhaft notwendiger Leiden handelt.«

Leiden gehört zum Leben, und wie die Tierwelt zeigt, nicht nur zum bewußten, sondern auch schon zum vorbewußten Leben. Aber der Mensch hat zumindest die Möglichkeit, sich den Sinn der Leiden vor Augen zu führen und aus diesem Sinn heraus auch sinn-gemäß zu ertragen.

Mancherlei Leiden erscheinen notwendig, weil sie gegebenenfalls der Preis dafür sind, eine Not abzuwenden, in der Buße auch die seelische Not der Schuld. Leid-Aufsichnahme ist die wohl ausdrücklichste Form menschlicher Selbsttranszendenz und damit eine nur dem Menschen eigene Form der Daseinsgestaltung. Daß es darüber hinaus auch unnötige Leiden gibt – und diese Welt ist voll davon – bedarf keiner Erwähnung. Für den Heiler, den Arzt, gilt das, was Frankl hierzu gesagt hat: »Einen Menschen unnötig leiden zu lassen, ist unärztlich, einem Menschen notwendiges Leid zu erlassen, wäre jedoch unmenschlich.«

VI
Sinn und Selbst

Vom Wesen des Sinnhaften

Bei unseren Überlegungen zum Sinn in unterschiedlichen Bereichen und in unterschiedlichen DIMENSIONEN des menschlichen Erlebens ist deutlich geworden, daß die Verhältnisse in einer Dimension immer nur aus Sicht der jeweils übergeordneten Dimension gedeutet werden können. Für die – menschlichem Verständnis am weitesten entrückten – Zusammenhänge in der Evolution sind deshalb keine allgemeinen Aussagen formulierbar, sondern nur Entwicklungs*tendenzen*, die sich nichtsdestoweniger sinngemäß in das Gesamtkonzept unseres Erlebens einfügen.

Die Identifikation des Sinnhaften geht zwar vom bewußt wahrnehmenden Subjekt aus, ist aber deswegen keineswegs eine bloße Projektion des Subjektiven, und der Sinn somit nur »subjektiv«, ebensowenig wie die Sinnhaftigkeit – auf bestimmte Objekte gerichtet und nun von diesen Objekten herzuleiten – dadurch »objektiv« wäre. Der Sinn ist vielmehr in der *Beziehung* zu suchen, die zwischen dem erkennenden Subjekt und der erkannten situativen Bedingung besteht. Was Dürer von Kunst und Natur gesagt hat, können wir auch auf die Beziehung zwischen Sinn und Situation übertragen: »Der Sinn liegt *in der Situation,* wer ihn heraus kann reißen, der hat ihn«.

Aber die Beziehung selbst ist auch noch nicht der Sinn, er ist vielmehr *in* dieser Beziehung – also weder allein im Subjekt noch im Objekt – erst zu suchen. Sinnvoll wird etwas (in der menschlichen Dimension) erst durch die Entscheidung, die ein

Individuum trifft und die Sinnhaftes von Sinnlosem scheidet. Durch die Tatsache, daß jedes Individuum nur für sich selbst zuständig ist, hat diese Entscheidung zwar einen individuellen Aspekt, ohne deshalb jedoch bloßer Ausdruck des Individuellen zu sein; das Erleben einer sinnhaften Situation zum Beispiel zwischen verschiedenen Menschen mag zwar von jedem einzelnen durchaus subjektiv *empfunden* werden, die sinnhafte Beziehung in der Situation selbst – ein freundschaftlicher Akt, eine Zusammenarbeit, Rivalität, Hilfeleistung – sind Gegebenheiten eigener Art und vielfältig erleb- und deutbar.

Situationen sind in dieser Hinsicht also sinn-herausfordernde Konstellationen von Subjekten und Objekten, in denen es bei den jeweiligen Personen liegt, ob eine gegebene Herausforderung erkannt und per Sinn-Entscheidung anerkannt und angenommen wird oder nicht.

Für den bewußt handelnden Menschen ist sinnvolles Handeln eine Notwendigkeit und angeborene Wesenseigentümlichkeit. Die Natur ist stets darauf eingestellt, ein Ergebnis evolutionär sinnvoll und mit dem kleinsten Aufwand zu erzielen. Die unglaubliche Redundanz beim Vorgehen unter Versuch- und Irrtum-Bedingungen spricht nicht dagegen, weil die Natur ja in dieser Phase ihrer Entwicklung noch nicht bewußt antizipatorisch, auswählend, vorgeht; das Anbieten von neuen Anpassungsmöglichkeiten durch Mutationen und deren Akzeptanz bzw. Verwerfen durch Auslese sind zeitlich unterschiedliche Akte, während das vorwegnehmende, zugleich anbietende wie verwerfende Denken des Menschen daraus gleichzeitige Vorgänge macht. Auch die instinkthaften Reaktionen in der Tierwelt folgen einem artspezifischen Auswahlprinzip des geringsten Aufwandes. So kann man davon ausgehen – und die tägliche Erfahrung bestätigt dies ja auch im wesentlichen –, daß das sinnvolle Handeln des Menschen einem quasi-ökonomischen Prinzip gehorcht, wobei das Ökonomische aber nicht ausschließlich einer physikalischen, sondern auch einer psychologisch-geistigen Ökonomie folgt, denn der Mensch denkt und entscheidet auch ökonomisch.

Unser Verständnis von »Sinn« bekommt auf diese Weise noch einen ganz besonderen Akzent, wenn wir im sinnvollen Handeln des Menschen *ebensosehr einen praktisch-ökonomischen wie psychisch-geistig »ökonomischen« und damit evolutionär-adäquaten Zug* sehen.

Risiko und Endlichkeit

Handeln unter ökonomischen Bedingungen schließt das Eingehen von Risiken nicht aus. Die Angst vorm Risiko spricht nicht dagegen, sondern zwingt uns nur zu um so sorgfältigerer Kalkulation. Angst ist ein Warnsignal, aber kein STOP-Schild.

Angst ist ein Zeichen dafür, daß Entscheidungsspielräume gegeben sein müssen, sonst wäre Angst kein Gefühl mit einer möglichen Dauer, sondern immer nur ein zeit-»punktueller« Impuls. Lediglich panische Angst als impulsiver Ausbruch kennt keine Entscheidung.

Ein Leben ohne Angst wäre ein Leben ohne eine wichtige Entscheidungs-Dimension und eine Einschränkung unserer Selbstverantwortung. Angst ist ein Kriterium unserer Werte-Einschätzung, und zwar sowohl als Angst um etwas wie als Angst vor etwas. Ängste sagen uns viel über uns selbst, denn man unterscheidet sich von anderen auch durch das, *wovor und um was* man Angst hat – wie dadurch, ob man überhaupt etwas und gegebenenfalls was man riskiert.

Sinn-Verständnis wird durch Angst und Risiko ausgeprägter, genauer. Beliebigkeit verliert sich, Präferenzen drängen sich in den Vordergrund. Risiko und Angst tragen so zum Erkennen des Wesentlichen bei. Auch dabei spielt der schon mehrfach zitierte Mittelbereich die entscheidende Rolle: Zu wenig, ein Anflug nur von beidem, bringt nichts – zuviel, als Hasard oder Panik, führt meist in den sinnlosen Untergang.

Eine ähnlich klärende Rolle spielt auch das Wissen um die Endlichkeit des Daseins.

Ein unendliches Leben wäre so viel wert wie unendlicher Besitz, wie eine unbegrenzte Menge Geldes. Wenn beides einen

»unendlichen« Wert einnimmt – man denke an die Inflation 1922/1923, als das Brot Milliarden kostete –, dann ist es »nichts« mehr wert. Man konnte das Geld seinerzeit gar nicht so schnell ausgeben, wie sein Zahlen-Wert stieg und sein Zahlungs-Wert verfiel. In einem endlosen Leben hat nichts mehr Wert und ist nichts mehr wichtig. Es gäbe keine Entscheidung, die sich nicht aufschieben ließe, kein Ereignis, das eines Tages nicht auch ganz anders auftreten könnte, nichts Einmaliges, Herausgehobenes ... denn zu alledem ist ein Zeit-»Punkt« als Entscheidungsmarke notwendig. Dieser Punkt ist der Augenblick des Todes, dessen sichere Erwartbarkeit darüber entscheidet, ob etwas getan werden muß oder unterlassen werden kann, ob etwas wichtig ist, notwendig. Für den Sinn im menschlichen Dasein ist das Bewußtsein des Eines-Tages-nicht-mehr-Daseins grundlegend.

Gut und Böse

Auch Gut und Böse bekommen ihren Sinn erst durch den Hintergrund der begrenzten Zeitlichkeit. Die Natur kennt kein Gut oder Böse. Ihre Abläufe unterliegen der immanenten Steuerung der genetischen Programme. Un-Bewußtheit – insbesondere der Daseinsendlichkeit – ist der Gnadenakt gegenüber denjenigen, denen die Freiheit – aber auch die Bürde – des Bewußtseins nicht zuteil geworden ist.

Die Entscheidung für Gut oder Böse durch den selbstverantwortlich handelnden Menschen stellt eine Entscheidung im Sinne sinnvoller Lebensordnungen dar. In jeder dieser Entscheidungen spiegelt sich ein mehr oder weniger bewußtes Wissen um die Ordnung in dieser Welt und die Tendenzen ihrer Evolution. Mögen die Inhalte unseres Gewissens auch weitgehend soziokulturell vermittelt (gelernt) worden sein: *daß* wir die Fähigkeit wie die Notwendigkeit eines Gewissens überhaupt haben, verdanken wir unseren Erbanlagen; ohne selbstverantwortliche Eigensteuerung unter der Kontrolle eines gewußten Gut und Böse hätte sich die Fulguration zum menschlichen Selbstbewußtsein leicht als Eigentor der Natur erweisen können. Wem aus menschlich-individueller Sicht dabei viel zu viel Böses herausgekommen ist, sollte bedenken, daß wir unsere Feststellungen unter dem Gesichtspunkt evolutionärer Zeitabläufe zu treffen haben, auch wenn die Maßstäbe der evolutionären Ökonomie uns persönlich nicht unbedingt akzeptabel erscheinen.

Die Tatsache, daß sinn-entscheidendes Handeln eine Voraussetzung für das bewußt ablaufende Leben des Menschen ist und somit eine Eigentümlichkeit seines Wesens, erlaubt nicht nur, sondern zwingt geradezu dazu, in der Sinn-Suche die menschliche Primärmotivation zu sehen (Frankl). Der Mensch kann sich zwar dazu entscheiden, auch etwas völlig Sinnloses zu tun, aber selbst dann hat zwar nicht das Entschiedene, wohl aber die Entscheidung ihren, wenn auch möglicherweise höchst verqueren, Sinn.

Sinn-Wahrnehmung kann durch bloße gedankliche Reflexion erfolgen, vor allem aber durch handelnden Vollzug – durch Auslotung der sinn-herausfordernden Situation – »erfahren« werden; es sei an die etymologische Wurzel des Wortes »Sinn« als sintha = Reise, Weg, Erfahrung erinnert.

Grenzen unserer Sinn-Erfahrung liegen aus den schon mehrfach angesprochenen dimensionalen Gründen nicht nur im Kleinsten, zum Beispiel bei dem nur schwer einsehbaren Sinn bzw. Zweck subatomarer Teilchen und deren Bewegungen, wie in dem Unbegreiflichen des »Übersinns« der Evolution selbst. Aber auch sonst haben wir Schwierigkeiten, Sinnhaftes weniger zu erfahren und zu empfinden als zu *definieren* und zu begründen: Was ist zum Beispiel der Sinn des Glücks, der Zufriedenheit, der Liebe und all der vielen Sinnhaftigkeiten im menschlichen Dasein, die uns so selbstverständlich erscheinen – aber wieso eigentlich selbstverständlich? – will man nicht, wie in der Tiefenpsychologie üblich, für alles anders nicht Erklärbare einen Trieb, ein Bedürfnis, unterstellen, womit aber auch nichts gesagt ist, denn was wäre – nicht der (einsehbare) Zweck – wohl aber der Sinn eines Triebes? Da dem Erkennen eines Sinns, wie wir gesehen hatten, eine Sinn-Entscheidung vorausgeht, kann schon deshalb kein »Trieb«

vorliegen, denn ein Trieb ist nie von einer Entscheidung abhängig. Sinn-Erfüllung stellt deshalb nicht die Verwirklichung von etwas Triebhaft-Zwanghaftem dar, sondern eine freie Entscheidung für das »Mögliche vor dem Hintergrund des Wirklichen«. Menschliche Handlungen sind vielfältig kontingent: immer auch anders möglich; wenn der Mensch »will«, kann er auch widersinnig leben, offenbar jedoch nur auf Kosten seiner Identität, denn diese Art eines »Willens« gegen den Sinn ist oft nichts anderes als die Unfähigkeit, Sinnhaftes zu akzeptieren und zu verwirklichen.

Identität: Die Begegnung mit dem individuell Sinnhaften. Das »psychisch-geistige System« als Denkmodell

Selbsterkenntnis beruht auf der Erfahrung der eigenen Identität.

Wir sollten im übrigen weniger vom Selbst als vom Selbstischen sprechen, denn das Selbst ist nichts Gegenständliches, aber auch kein Zustand, sondern etwas Eigenständiges. In eben demselben Sinne wäre es richtiger, auch nicht vom Sinn oder vom Geist, sondern immer nur vom Sinnhaften oder Geistigen zu reden, denn Geist ist, wie Frankl es ausgedrückt hat, »reine Dynamis«, und das eine ist Ausdruck des anderen.

Das Denkmodell »psychisch-geistiges System« verwenden wir, weil es ebenfalls besser als der Begriff »Psyche« das Funktionelle und Nichtgegenständliche dessen zum Ausdruck bringt, was wir beschreiben wollen. »Die Psyche« – und hierin liegt das weitverbreitete Mißverständnis – ist auch kein Steuerungsorgan (das Steuerungs-Organ ist das Nervensystem) – wie der Geist kein »Organ« für Verantwortung ist – beide sind Bewußt*heiten* – also *Inhalte* von entsprechendem Bewußtsein.

Ein System verfügt, wie bekannt, über unterschiedliche »Teile« – bei dem ungegenständlichen »psychisch-geistigen System« richtiger »Elemente« genannt (Luhmann).

*Struktur*ell geordnet, *funktion*ieren sie entsprechend den *Zwecken*, die Voraussetzung für die *Sinn*-Erfüllung des Systems sind: *Dienstleistung gegenüber dem übergeordneten System »Organismus«:* beim Menschen verantwortungsbewußte Steuerung. Damit hätten wir die fünf wichtigsten system-relevanten Kriterien zusammen:

1) Elemente (Teile), 2) Struktur, 3) Funktion, 4) Zweck und 5) Sinn.

Im Hinblick auf unser Thema »Selbsterkenntnis durch Sinn-Verständnis« käme es nun darauf an, die Abstraktion »Sinn als Dienstleistung bzw. als verantwortungsbewußte Steuerung« aufzulösen und in konkrete Handlungen bzw. Fragestellungen umzusetzen, um daraus Erkenntnisse über die Beziehungen zwischen Sinn und Selbst oder genauer: zwischen dem Selbstischen und dem Sinnhaften zu gewinnen.

Dabei hätten wir zunächst nach den Elementen des »psychisch-geistigen Systems« zu fragen.

Entsprechend unserem Denkmodell, zwischen dem *Organ* »Nervensystem« und dem *Bewußtsein* seines Funktionierens – als »psychisch-geistigem System« – zu unterscheiden, wären die Elemente des ersteren also nicht die einzelnen Nerven, sondern die in ihnen ablaufenden Bewußtseins-Inhalte: die Gedanken, Vorstellungen, Empfindungen und Gefühle. Der physiologischen *Struktur*, also dem zweckmäßigen Angeordnet- und Miteinanderverknüpftsein der Nervenzellen entspräche dann die *Semantik* der gedanklichen Verbindungen, vom *Funktionieren* kann man sprechen, wenn es zu zweck-gerechten *Leistungen* kommt, also zu logischen Gedankenketten, sinnvollen Wahrnehmungen, situationsgerechten Gefühlen u.a.m. Bliebe uns also noch, den *Sinn* des »psychisch-geistigen Systems« mit konkreten Fragen und Handlungen zu verknüpfen, so daß diese vom einzelnen Individuum als persönlich sinnvoll identifiziert werden können.

Nun handelt es sich beim »psychisch-geistigen System« nicht um bloßes Bewußtsein, sondern um Selbst-Bewußtsein auf der Stufe des Menschlichen, und das besagt, daß ein Selbstisches da sein muß, das sich selbst erkennen und mit dem es sich identisch fühlen kann.

Beim psychisch-geistigen System ist das System selbst sowohl Subjekt wie Objekt, mit anderen Worten: es ist sich seiner selbst bewußt. Die Wissenschaft nennt solche Systeme »selbst-referentiell« – auf sich selbst bezogen. Da die Fortdauer des Bewußtseins und damit die immerwährende Neuproduktion von Elementen = Wahrnehmungen, Gedanken und Gefühlen wiederum ohne das System selbst nicht möglich ist – wenn das Psychische aufhört zu denken, dann können auch keine neuen Gedanken entstehen –, das System also an seiner eigenen Aufrechterhaltung mitarbeiten muß, heißt es auch »autopoietisch«: sich selbst erhaltend und sich selbst organisierend.

Dieser Umstand, so theoretisch er im ersten Augenblick auch klingt, kann uns jedoch Konkretes über das Problem der Selbst-Identität und damit der Selbsterkenntnis liefern und dies vor dem Hintergrund des Sinnhaften in diesem System.

Wenn das »psychisch-geistige System« sich auf sich selbst und auf niemand anderen bezieht, so steht an erster Stelle die Erkenntnis: *Ich bin ich und kein anderer.* Dabei sollten wir uns des bereits vom sogenannten Antwortbewußtsein bestimmter Tiere Gesagten erinnern. Auch bei Tieren scheint es durchaus so zu sein, daß sie sich – und sei es auch in noch so einfacher Weise – der Tatsache bewußt sind, daß sie »und andere« da sind, sie können unterscheiden und dabei auch mit ganz einfachen Zahl-Vorstellungen umgehen. Da es kein Phänomen im Leben – auch des Menschen – gibt, für das sich nicht Vorformen schon im Tierreich fänden und keine Erscheinungsform von Leben überhaupt, die sich nicht substantiell, wenn auch nicht essentiell, auf anorganische Formen zurückführen ließe (die chemischen Substanzen und molekularen Bauelemente der einfachsten wie der komplexesten lebenden Zellen bis Organismen sind im wesentlichen bekannt und das Zustandekommen von Molekülen aus Atomen ebenfalls), so gibt es auch keinen Grund, Bewußtsein ebenfalls in verschiedenen qualitativen Abstufungen für den Bereich der Evolution anzunehmen (siehe Seite 169). Auch die spezifisch menschliche Dimension des Geistigen ist kein zusätzliches Wunder der Evolution, sozusagen der von der Evolution selbst unvorhergesehene Griff des Demiurgen in eine spezielle Trickkiste, sondern liegt durchaus in der Logik einer auch vom Menschen erkennbaren Entwicklungstendenz – und über mehr als Tendenzen läßt sich ohnehin nichts aussagen, über weniger aber auch nicht.

Wir können uns den qualitativen Übergang, den »fulgurativen« Sprung vom Anorganischen zum Organischen nicht erklären – und wissenschaftlich heißt das immer, daß wir ihn im Labor (auch im Denklabor des theoretisch arbeitenden Wissenschaftlers zum Beispiel mit mathematischen Mitteln) nicht nachvollziehen können. Genausowenig ist uns die Eigenschaft »Bewußtsein« und erst recht »Selbstbewußtsein« in diesem Sinne erklärbar. Der nächste Schritt zum Geistigen und damit zum Verantwortlichsein als Einsicht in unsere Lebenszusammenhänge ist angesichts der anderen Unerklärbarkeiten dann so groß auch nicht. Entweder wir erkennen und anerkennen die einsehbare Entwicklung der Evolution als »Tendenz« vom Anorganischen zum Lebendigen und vom Noch-nicht-Bewußten über das Vorbewußte zum Selbstbewußten, dann gehört das Geistige zum Selbstbewußten dazu wie die Fahrkarte, aber auch die Notbremse, zur Eisenbahn; dann ist es auch überflüssig, vom Geistigen als etwas ganz Besonderem, Unerklärlichem und ganz besonders Göttlichem zu geheimnissen. Die ganze Evolution ist in diesem Sinne »Geheimnis« und, warum nicht: Wille Gottes, Schöpfung – oder wie sonst unsere menschlichen Vokabeln auch heißen mögen. Aus diesem Grunde können wir auch von einem »psychisch-geistigen System« sprechen, ohne das darin enthaltene Dimensions-Gefälle »Geist-Psyche« zu unterschlagen. Gerade die Einordnung des Sinnhaften in dieses »psychophysisch-geistige Bezugssystem« zwingt uns, hier eine *systemische Ganzheit* vorauszusetzen, in dem kein Element entbehrlich, das heißt, weniger nützlich als das andere, die Struktur für alle Bereiche verbindlich und das Funktionieren aller für das Gesamtsystem notwendig ist. Damit ist auch die alte Sackgasse menschlicher Spekulation mit der Vielzahl der Leib und Seele-Denkspiele vermieden: mal Körper und Seele in Wechselwirkung (Descartes), mal als paralleler Gleichklang (Leibniz), als Ausdruck von Identität (Spinoza), mal das eine Epiphänomen des anderen wie im Spiritualismus oder Materialismus. Der Leib pflegt dabei meist den kürzeren zu ziehen.

Es ist das Kuriosum nicht weniger Ganzheitstheoretiker, daß sie sehr wohl von Ganzheit in allen möglichen Zusammenhängen sprechen, aber wenn es um das Geistige geht, dann möchten sie dafür doch recht gern eine besondere Sphäre reservieren.

Noch nie ist jemand beispielsweise im Bereich der Mechanik auf die Idee gekommen, der *Elastizität* des Uhrfederstahls eine größere Bedeutung zuzumessen als den x sonstigen Einzelteilen früherer Taschenuhren, ihrer zweckmäßigen Anordnung und ihrem ordnungsgemäßen Funktionieren, *das eine ist so erstaunlich wie das andere.*

Stellt das Bewußtsein des »Ich und nicht ein anderer« die erste Stufe dar, und zwar schon im Bereich des Vor-Menschlichen, so erfolgt mit der zweiten Stufe bereits der Übergang vom *Ich* zum *Selbst* und damit von der *quantitativen* Unterscheidung zur *qualitativen:* Ich bin nicht nur »ein anderer«, sondern auch *»anders«*. (Den Ausdruck ICH sollte man eigentlich im vor-menschlichen Zusammenhang nicht benutzen, denn er ist entwicklungs-psychologisch schon besetzt; das Kleinkind sagt zwar auch nicht gleich ICH, sondern bezeichnet sich erst mit seinem Namen, kommt dann aber zu einem ausgeprägten Ich-Bewußtsein. Im Bereich des tierpsychologisch »unbenannten Denkens« (Riedl) wird diese Phase nicht erreicht.)

Identität: Die Begegnung mit dem Selbstischen

Identität heißt uneingeschränkte Übereinstimmung, nicht äußerste Ähnlichkeit: A *ist* A (Heidegger), nicht: A = A. Selbstreferentialität als Rückbezüglichkeit des Selbst auf das Selbst setzt *Erkennen* dieses Selbst voraus. Erkennen ist eine der ältesten Fähigkeiten des Lebens und findet sich schon bei der Amöbe, »nur das reflektierende Erkennen ist neu« (Riedl). Wenn der Mensch »sich selbst erkennen und diese Kenntnis empirisch in entscheidbaren Alternativen aussprechen kann, so muß man annehmen, daß er selbst Teil der Welt ist, die der Inbegriff solcher Alternativen ist«. So C. F. v. Weizsäcker (in seinem Buch »Von der Einheit der Natur«, S. 365).

Unsere Welt, und jeder einzelne eingeschlossen, ist in Alternativen erkennbar, und diese Alternativen werden durch zu treffende Ent-Scheidungen wahrnehmbar. Mit dem Übergang vom »unbenannten« zum »benannten Denken« und damit zur Reflexion wurde das Erkennen nicht einfacher, sondern eher schwieriger. Das Immunsystem des Körpers erkennt körperfremde Substanzen, noch ohne daß sich der Organismus dessen bewußt ist. Dem bewußt entscheidenden Menschen bereiten manches Erkennen und sehr viele Erkenntnisse oft großes Kopfzerbrechen. Dabei müßte man meinen, daß das Erkennen dessen, mit dem man sich identisch fühlen sollte, eigentlich am einfachsten sei, jedenfalls einfacher, als zwei uns gegenüberstehende Objekte voneinander zu unterscheiden. Aber offensichtlich ist das nicht so.

Vielleicht hat das damit zu tun, daß wir in Hierarchien, in Strukturnormen denken, auch wenn wir dies nicht bei jedem Denkablauf registrieren. Vor uns haben wir ein Buch, sagen wir ein für uns wichtiges Schulbuch der Mathematik. Die Strukturnormen wären dann (in hierarchischer Stufung):

Wissen als solches – spezielles Wissensgebiet – Bedeutung für den Schulabschluß – Bedeutung für Berufswahl – Bedeutung für Lebensgestaltung und Lebensbewältigung.

Selbst so einfache Objekte wie einen Hammer »sehen« wir nicht ohne hierarchischen Zusammenhang (hier in aufsteigender Bedeutung):

Hammer – Werkzeug – Bedeutung für das aktuelle Arbeitsproblem – Bedeutung des Arbeitsproblems für die konkrete Situation – Bedeutung dieser Situation für den allgemeinen Lebenszusammenhang und dergleichen.

Wir denken dabei nicht in gegenständlichen Hierarchien, sondern in *Bedeutungs*-Hierarchien, und das sind genaugenommen *Sinn*-Hierarchien.

Schon im Vorhergehenden hatten wir auf die Synonymität von Sinn-Wahrnehmung und Gestalt-Wahrnehmung hingewiesen. Wir »sehen« zwar Gegenstände, »nehmen« sie aber nur zur Kenntnis, wenn es für unsere *bewußte* Wahrnehmung *sinnvoll* ist, sie zu registrieren, und wir registrieren sie in einem Bedeutungszusammenhang, als »Gestalt«. Ansonsten gehen sie vielleicht gerade noch in unser nur sekundenlang arbeitendes Ultra-Kurzzeitgedächtnis ein, in dem sie aber nur dann zu stabilisieren wären, wenn zusätzliche Bedeutungsinhalte hinzuträten. Für die bewußte Reizverarbeitung ist also Bedeutung = Sinn die Voraussetzung.

Hier scheint nun die Schwierigkeit für die Selbst-Wahrnehmung, für die Identifikation des Selbst-Identischen, zu liegen. Bei der Bedeutungs-Identifizierung eines Hammers oder eines Schulbuches fällt die Entscheidung nicht schwer, weil man aus Erfahrung weiß, was für jemand Bedeutung hat oder nicht. Geht es jedoch um allgemeine Sinn-Probleme im Leben und ist man erst *auf der Suche nach Sinn,* liegt diese Erfahrung erst noch vor einem, das heißt, man kennt die Kriterien des Selbst-Identischen noch gar nicht oder ist sich zumindest ihrer noch nicht sicher.

Um diese Schwierigkeit zu überwinden, sollten wir uns das Denken in Hierarchien zunutze machen, von dem soeben die Rede war, und uns den Kriterien des Selbst-Identischen hierarchisch nähern. Dabei kann uns ein kritisches Eingehen auf jene Bereiche helfen, die in sich schon eine Hierarchie der menschlichen Lebensbeziehungen darstellen und die wir in den hinter uns liegenden Kapiteln dieses Buches behandelt haben:

> EVOLUTION mit ihren physikalischen und biologischen Erscheinungen – TECHNIK als Operationsmodus der Evolution unter der Regie des bewußt handelnden Menschen – KULTUR als Gestaltung der naturhaften Gegebenheiten – ARBEIT als anthropologisches Prinzip der Daseinsbewältigung – und schließlich HEILs-Verständnis als unmittelbarer Versuch der Sinn-Suche und Sinn-Erfahrung sowohl in psychophysischer wie geistiger Hinsicht.

Dabei werden wir uns, wie bereits erwähnt, nicht den »Gegenständen«, sondern ihrem Sinn zu widmen haben. An diesem Sinnverständnis wird sich dann das *individuelle Selbst-Verständnis als Erkenntnis des individuell Sinnhaften* ermessen lassen.

Stufung der Bewußtheiten als Stufenweg zur Selbsterkenntnis

Dem Stufenbau des Universums (siehe Anmerkungen) als einem System von Systemen soll hier eine analoge Stufung von Bewußtheiten gegenübergestellt werden.

Bewußt*heiten* deshalb, weil die Unterschiede nicht auf einem unterschiedlichen Zustand der diversen Nervensysteme beruhen, sondern auf deren unterschiedlichen Repräsentationen. Die Natur hat das Großhirn bereits vor etwa 500 Millionen Jahren entwickelt (Fische), aber wir müssen davon ausgehen, daß es in der Qualität der Bewußtheiten zwischen den einzelnen Tierarten erhebliche Unterschiede gibt, wobei uns allerdings noch mehr überraschen sollte, wie groß die einzelnen Leistungen in bezug auf diese Bewußtheiten bereits sind.

Dem Mittelwesen Mensch (siehe Abschnitt II/Das anthropische Prinzip) entspricht auch hier wieder ein mittlerer Bereich der menschlichen Bewußtheiten zwischen der sich beim Säugling rasch ausprägenden Bewußtheit des »Ein-anderer-Sein«, den er noch mit höher entwickelten Tierarten gemeinsam hat, und dem »Anderssein«, das dann den Schritt zum Menschsein begründet.

Bei der Übersicht auf Seite 169 müssen wir den möglichen Eindruck abgestufter Übergänge dahingehend relativieren, daß sich dahinter Entwicklungen nicht nur von gewaltigen zeitlichen Abläufen, sondern auch inhaltlich unterschiedlichen Dimensionen verbergen.

Auf die Inhalte des »unbenannten Denkens« bestimmter Vögel und Säuger, deren psychische Leistungen die Forscher schon so oft in Erstaunen versetzt haben, lassen sich nur Schlüsse ziehen, was jedoch angesichts unseres Themas hier

SYSTEME	BEWUSSTHEITEN
Physikalische Makro-Systeme: Universen Galaxien Sonnensysteme	hypothetische außermenschliche Bewußtheiten – Bewußtheiten möglicher außerirdischer Lebewesen
Menschl. soziale Systeme: Menschheit Kultur Gesellschaft ges. Subsysteme	Menschheitsbewußtheit Kulturbewußtheit Gesellschaftsbewußtheit
Psychisch-geistiges Syst.: Mensch	Anders-Sein-Bewußtheit Selbst-Bewußtheit SINN-Bewußtheit Verantwortungs-Bewußtheit Werte-Bewußtheit kreativ-prod. Werte soziale Erlebniswerte ideelle Werte Einstellungswerte Persönlichkeits-Bewußtheit Ziel-Bewußtheit Bewußtheit der individuell typischen Mittel und Wege Rollen-Bewußtheit Erwartungen, Ansprüche Rechtfertigungen Anders-Sein-Bewußtheit
Höhere tier-biologisch organismische Systeme Vögel, Säuger	Anderer-Sein-Bewußtheit Bewußtheit des »unbenannten Denkens«
Niedere organismische Systeme niedere Tiere Pflanzen	Vor-Bewußtheit
Physikalische Mikrosysteme anorgan. Bereich: Moleküle, Atome subatom. Systeme	Un-Bewußtheit

ohne Belang ist. Dasselbe betrifft erst recht die entwicklungsgeschichtlich noch früheren Stufen der von uns »Vor-Bewußtheiten« und »Un-Bewußtheiten« genannten Bereiche.

Wenn uns jedoch die Beobachtung evolutionärer Abläufe lehrt, daß ein Heraus-Entwickeln bereits angelegter Phänomene stattfindet, so müssen wir dies auch für jene Bereiche unterstellen, die unserer direkten Beobachtung nicht zugänglich sind.

Auch zwischen dem individuellen Bereich der Selbst-Bewußtheiten und den *davon abhängigen* sozialen Bewußtheiten (Gesellschafts- bis Menschheitsbewußtheit) gibt es natürlich graduelle Unterschiede. Einleuchtend ist sicher das soziale Bewußtsein eines bestimmten Berufsstandes wie das der Bauern, Richter, Ärzte, Kaufleute, Soldaten, Arbeitnehmer usw., das sich ja auch durch ihre Interessenvertreter laut genug artikuliert. Hier haben wir noch die Vorstellung von einer Art sozialem Korpus mit eigenem Standes-Bewußtsein. Beim Kulturbewußtsein fällt uns dies sicher schon schwerer als zum Beispiel bei dem, was wir Nationalbewußtsein nennen oder genannt haben und das bei manchem nichts anderes war als das ins Kollektive verdrängte, beeinträchtigte Selbstbewußtsein. Von Menschheitsbewußtsein läßt sich heute wohl erst hier und da in Anfängen sprechen, wenngleich die neuen Medien den Weg dazu mit Riesenschritten bereiten. Gerade aber angesichts dieses Aspektes sollte uns klar sein, daß Bewußtheit in der menschlichen Sphäre nie allein beziehungslos Wahrgenommenes bedeutet, sondern immer auch Sinn- und damit auch Verantwortungs-Beziehungen bestehen: Einem hungernden Afrikaner, einem politisch vergewaltigten Mittel- und Südamerikaner, einem unter Apartheid leidenden Farbigen bis zu den vom Völkermord bedrohten Kambodschanern, Ugandern und Millionen anderer wird »Menschheit« als Inhalt von sozialer Bewußtheit auf diesem Globus erst dann einleuchten, wenn die heute noch grassierende Unmenschlichkeit nicht nur publizistisch Aufmerksamkeit und Sensationsgier auslöst, sondern auch allgemein-menschliche und damit allgemein-menschheitliche Verantwortung.

Sich über Bewußtheiten im außermenschlichen Bereich »der

Sterne« auszulassen, ist ähnlich spekulativ wie im vormenschlichen Bereich. Aber wenn wir schon davon ausgehen, daß sich Bewußtsein aus Vorstufen heraus entwickelt hat, dann müssen wir auch davon ausgehen, daß es sich weiterentwickeln wird, es sei denn, wir huldigten der arroganten Vorstellung, die gegenwärtige Menschheit repräsentiere tatsächlich das Optimum, dessen die Evolution fähig wäre ... Mag dabei Bewußtsein bereits irgendwo im Weltenraum existieren oder mag es auch nur unser Bewußtsein *von* einer Welt sein, wie es sich durch die täglich immer weiter in alle Bereiche unserer Erde wie des Weltenraums vorgeschobenen Beobachter erweitert – gemäß der evolutionären Tendenz eines Eindringens in alle nur erreichbaren Räume.

Der für unser Thema wesentliche Bereich der Bewußtheit erstreckt sich zwischen dem noch »unbenannten Denken« des Ein-anderer-Seins des Säuglings und Kleinkindes und der Selbst- und Verantwortungs-Bewußtheit der lebenserfahrenen Persönlichkeit.

Menschheit wie Individuum folgen in ihrer Entwicklung jenen Tendenzen des Lebens, wie sie sich aus der Beobachtung der evolutionären Abläufe herauslesen lassen und die wir hier noch einmal zusammenfassen:

Übergang von der Fremdsteuerung zur selbstverantwortlichen Eigensteuerung –
physisches und psychisch-geistiges Eindringen in alle erreichbaren Räume –
Entwicklung aller eingeborenen Möglichkeiten unter dem Diktat der Verantwortung: Entwicklung aller »gesollten« Möglichkeiten (Frankl).

Der Ablauf dieser Entwicklung zum Selbst- und Verantwortungsbewußtsein macht zugleich die Kriterien deutlich, an denen sich das Selbstbewußtsein im Sinne der Selbsterkenntnis messen läßt.

Der Begriff des »Anderssein« ist ja zunächst noch leer: *wie* anders sein? Erst der gesamte Lebensablauf erweist dieses Wie, denn ein gesunder Mensch ändert sich bis ins hohe Alter und ist nahezu immer, gegenüber seinem Gestern »ein anderer«.

Unsere Erwartungen kennzeichnen uns

Ein erstes bezeichnendes Charakteristikum drückt sich in den ERWARTUNGEN aus, die der Mensch gegenüber seiner Umwelt – aber auch sich selbst gegenüber – hegt und die sich dann in ANSPRÜCHEN und deren BEGRÜNDUNGEN niederschlagen (Luhmann). Der Vorgang ist so geläufig, daß wir uns Beispiele ersparen können. Ob Kind, Jugendlicher, Erwachsener: Erwartungen und Ansprüche bleiben, nur ihre Inhalte wechseln. Auch der Maßstab für die Weiterentwicklung in Richtung »Persönlichkeit« bleibt für das ganze Leben derselbe: es ist *das Verhältnis zwischen dem Anspruch an die anderen und dem Anspruch an sich selbst.* In letzterem drückt sich der Beitrag aus, den der einzelne – als Zeichen seiner zunehmenden Selbstverantwortung – den verschiedenen sozialen Systemen, denen er angehört – schuldig ist. Hier sei an die von Frankl geforderte »kopernikanische Wende« erinnert: Nicht wir sollen das Leben fragen, was es uns zu bieten hat, sondern wir sollen uns vom Leben befragen lassen und »das Leben verantworten«.

Solange kleinkindhaft die Ansprüche an die anderen überwiegen, befindet sich das Individuum noch im »Anlauf« und hat den eigentlichen Sprung in das sinnvolle Eingebundensein der sozialen Wechselbeziehungen noch nicht vollzogen. Erst auf der Suche nach der *sozialen Identität* scheinen auch die ersten Konturen der individuellen Identität auf (Luhmann). Das ICH erkennt sich erst am DU und das SELBST erst am WIR (Frankl).

Rollen-Suche und Rollen-Findung gehen hier Hand in Hand mit Sinn-Suche und Sinn-Findung. »Rolle« – so unsere Darstellung in Abschnitt III – heißt Ein-Ordnung in die Gesellschaft als ein System von Rollen und damit von Erwartungen und Dienstleistungen. Rollenträger sind hinsichtlich ihres Platzes in der Gesellschaft bestimmbar; man weiß, was man von ihnen zu halten und an Dienstleistungen zu erwarten hat. Der Rollenstatus enthält Ansprüche an andere und Ansprüche anderer an einen selbst in einem und ist somit ein *Spiegelbild der sozialen Selbsterfahrung*.

Gleichzeitig entwickelt sich in der Durchsetzung und Legitimation der Rollen auch die Bewußtheit von *rollentypischen Mitteln und Wegen* zu ihrer Verwirklichung, die nicht weniger Ausdruck des Selbst sind: in der Übernahme des Erwarteten und Konventionellen wie in deren Ablehnung oder Abänderung. Ob ich eine Rolle als Erfüllungsrolle ansehe, an die ich nun einmal – zum Beispiel mit dem Beamteneid oder dem Anstellungsvertrag – ausgeliefert bin, oder als Gestaltungsrolle, die ich als Herausforderung annehme, ist »Charaktersache« – Ausdruck der in mir liegenden Möglichkeiten, die mich nie aus dem Zwiespalt zwischen Sein und Sollen entlassen.

Manche Rollen bekommt man von der Natur gleich mitgeliefert, so die Rolle als Kind, Bruder, Schwester, Vater, Mutter – andere werden einem, ob man will oder nicht, aufgenötigt: Schüler, Angestellter, Staatsbürger. Dritte wiederum strebt man an: General oder Generaldirektor, Aufsteiger, Aussteiger. Mit der Frage nach dem Lebensziel – meist als zeitlich begrenzte oder offene Teilziele – konturiert sich die Persönlichkeit und erlaubt Einblicke in ihr Werte-Konzept, das inzwischen eine gewisse Kontinuität erfahren hat. Enttäuschte Erwartungen werden mit zunehmender Reifung gegen realistischere eingetauscht, Unverläßliches gegen Zuverlässigeres. Die Notwendigkeit eines Beitrags an »die anderen« ist nun keine Floskel mehr, sondern entspringt der Einsicht in die Abhängigkeit des Gesellschaftlichen von der Verantwortungsbereitschaft ihrer Mitglieder.

Was wir lernen, zeichnet uns aus

Konnte die Natur nur über die millionenjahrelange biologische Vererbung Fortschritte manifestieren, so schreitet die Menschheit nun durch das individuelle Lernen der Individuen fort. Was jeder einzelne gelernt und an andere noch während seiner Lebenszeit weitergegeben hat, *das* sind die notwendigen Beiträge, deren die Menschheit zu ihrer Weiterentwicklung bedarf.

Was der einzelne lernt und *wie* er lernt und weitergibt, das zeichnet ihn sowohl als Persönlichkeit aus wie es auch den Beitrag bestimmt, den er dem Ganzen zukommen läßt. Je weiter sich die Persönlichkeit entwickelt, um so mehr tritt der Beitrag an die anderen als *selbst*-verständlich in den Vordergrund und um so mehr erkennt sich der Betreffende darin selbst.

Aber nicht nur, was jemand *erreicht* hat, fast mehr noch, was er *erstrebt* hat – weniger das, was er *erkannt*, als an was er *geglaubt* hat, machen sein Selbst aus. Seine Irrtümer gehören genauso zu seinem Selbstbild wie seine Wahrheiten, und manchmal sind sie fast noch typischer für ihn.

Und was man liebt

Wenn der Wert einer Sache davon abhängt, was Menschen dafür einzusetzen bereit sind, dann zeigt sich dies in dem, was und wen sie lieben, auch wofür sie am meisten zu opfern bereit wären. Glaube, Hoffnung, Liebe ... sind nicht nur religiöse Inhalte von starker Aussagekraft, sondern auch Persönlichkeitskriterien; vielleicht sind sie überhaupt die persönlichsten. In ihnen »lebt« der Sinn des Menschen in seiner höchsten, seiner transzendenten Form, und in ihnen findet auch die unmittelbarste Selbstfindung des Menschen statt, weil nichts Gegen-Ständliches ihm mehr gegenübersteht.

Der Philosoph Graf Hermann Keyserlingh hat einmal gesagt, daß der kürzeste Weg des Menschen zu sich selbst um die Welt herum führe. Das könnte auch das Motto dieses Buches sein.

Auch wir haben einen Blick in diese Welt hinein getan, die eine Welt voller Sinn ist. Dies sollte uns auch das Sinnvolle unseres eigenen Daseins bewußt machen, das wir in jeder Situation aufs neue erfahren und verwirklichen können. *Was* wir dabei als das für uns ganz persönlich Sinnvolle verstehen, ist zugleich das für uns selbst Verständliche, das Selbstverständnis, in dem wir uns selbst wiedererkennen:

SINN-VERSTÄNDNIS *IST* SELBST-ERKENNTNIS

ANHANG

Zur »Logotherapie« Viktor E. Frankls

In Anbetracht der zahlreichen Hinweise und Bezugnahmen in diesem Text auf die von dem Wiener Arzt und Psychotherapeuten Viktor E. Frankl begründeten »Dritten Wiener Schule der Psychotherapie nach Freud und Adler« sind einige Ergänzungen zu diesem Thema angebracht.

Obwohl hier in einem Atemzug mit Freud und Adler genannt, kann die Logotherapie nichtsdestoweniger als die erklärte Gegenposition zur Freudschen Psychoanalyse bezeichnet werden. Im Gegensatz zu jener sogenannten tiefenpsychologischen Trieb-Theorie orientiert sich die Logotherapie an Leitbegriffen wie SINN (= Logos) und SELBSTVERANTWORTUNG.

Insbesondere in den Nachkriegsjahrzehnten, in denen es üblich war, »dem Menschen« eine gesellschaftliche Opferlammrolle einzureden (die Gesellschaft als Verursacherin aller Leiden und damit auch zur Heilung aller Leiden verpflichtet), paßte »Selbstverantwortung« und »Willensfreiheit« nicht ins Konzept, und was Sinn bedeutete, glaubte jeder ohnehin zu wissen. Im deutschen Sprachgebrauch kommt »Sinn« entweder zusammen mit anderen, sinn-definierenden, Begriffen vor: Trübsinn, Schwachsinn, Frohsinn, Stumpfsinn usw. oder in der Formulierung »im Sinne von...«, also ebenfalls wieder interpretiert. Sinn ist also interpretationsbedürftig.

Nicht viel anders steht es um den Begriff LOGOS. Im allgemeinen wird Logos als »Wort« verstanden. Es liegt also nahe, Logotherapie als »*mit* Worten heilend« zu begreifen – womit die Gleichsetzung mit der Gesprächstherapie fast unvermeidlich ist – oder als »Therapie *durch* das Wort«, und danach stünde Logotherapie dann der Theologie nahe (»und das Wort ward Fleisch«). Die dritte Fehlinterpretation, dem Logotherapeuten eine beinah tägliche Erfahrung, ist die Verwechslung mit Logo-pädie: Logotherapie? Ach ja, die Stotterer...

Nun meint griechisch Logos neben einem Dutzend anderer Bedeutungen (wie zum Beispiel Vernunft, Sprache, Rede, Gedanke, Beweis, Grund, Rechnung, Proportion u. a. m.) aber auch »Sinn«, und so faßt ihn auch Frankl auf: Logotherapie als sinn-zentrierte Therapie, als Therapie von Sinn-Frustrationen oder ganz einfach als »Wiederbe-sinn-ung«.

Auf welchen »Sinn« hätte sich eine solche Therapie zu beziehen, die sich als sinn-zentriert versteht?

Nun, die Logotherapie hat es explizit mit dem Sinn *im* Leben des einzelnen zu tun. Alles darüber Hinausgehende rechnet Frankl selbst zum »Über-Sinn«, der menschlicher Einsicht nicht mehr zugänglich sei.

Daß es darüber hinaus dennoch möglich ist, zum Beispiel aus den Tendenzen in der Evolution bestimmte Sinn-Kriterien herauszulesen, wurde in dem vorliegenden Buch mehrfach nachzuweisen versucht.

»Sinn« ist aber nicht nur interpretationsbedürftig – »Sinn« ist vor allem operationalisierungs-bedürftig. Frankl hat dies auf eine ungemein lebens-praktische Weise getan.

Sinn-Erfüllung ist für ihn = Werte-Verwirklichung und nur durch Werte-Verwirklichung möglich.

»Sinn« kann unmittelbar gar nicht erfüllt werden, er ist stets die *Folge* einer Werteverwirklichung.

An dieser Stelle muß man eine klare Unterscheidung zwischen »Sinn« und »Zweck« treffen, die hier nicht weiter ausgeführt zu werden braucht, da dies im vorangegangenen Text bereits stattgefunden hat. (Der Zweck das Mittel zum Sinn usw. ...)

Frankl hat die Verwirklichung von Werten kategorisiert. So unterscheidet er »kreative Werte« (eine Aufgabe erfüllen, ein Werk schaffen etc.), »Erlebniswerte« (vom Erlebnis der Mitmenschlichkeit und Liebe bis hin zum Erlebnis der Natur und des Ästhetischen) und »Einstellungswerte«.

Zur Sinn-Erfüllung gehört Handeln. Selbst dort, wo Sinn-

Erfüllung durch »Einstellungswerte« verwirklicht wird, nämlich in bestimmten Ausnahmesituationen des Lebens, zum Beispiel im Ertragen eines unentrinnbaren Schicksals, erfordert dies nicht nur »innere« Umstellung (Einstellungsänderung), sondern handelndes Bezeugen dieser veränderten Einstellung. Ein Schicksal menschlich, also in Würde, zu tragen und damit vielleicht sogar zum Leitbild und Beispiel für andere zu werden, ist für Frankl die größte menschliche Leistung, und nur der seiner selbst und damit auch seiner Selbstverantwortung bewußte Mensch ist ihrer fähig.

Frankl weiß, wovon er spricht. Was er sagt, formuliert er nicht als Forderung, sondern als Erfahrung: »Leiden als Leistung« ist ihm nicht nur die Erfahrung des Arztes am Krankenbett – Frankl war nach dem Krieg 25 Jahre lang Chef der Wiener Neurologischen Poliklinik –, sondern auch als der Insasse von vier Konzentrationslagern, Auschwitz eingeschlossen. Die Erfahrungen all dieser Jahre – der Mensch im Angesicht des Todes – haben ihm den Ausdruck vom »Leiden als Leistung« als Gewißheit aufgenötigt: durch Not erfahrbar gemacht.

Hier liegen die entscheidenden Ausformungen jener Sinn-Suche, die schon den Schüler Frankl in einem Aufsatz bewogen hatten, sich über den »Sinn des Lebens« auszulassen und die später in ihm die Erkenntnis reifen ließen, daß das menschliche Leben in jeglicher und auch der aussichtslosesten Situation bis zum letzten Atemzuge seinen Sinn nicht zu verlieren brauche. Frankl ist dabei oft mißverstanden worden, vor allem dann, wenn er von den Insassen von Todeszellen in amerikanischen Zuchthäusern sprach, mit denen zu reden er Gelegenheit gehabt hatte. Gerade diese Menschen erfuhren eine entscheidende Veränderung ihres Selbst- und Schicksalsbewußtseins dadurch, daß Frankl sie verantwortlich für ihr Tun und damit auch verantwortlich für ihr Schicksal gesprochen hatte. Wochenlang war jenen nämlich von den offiziellen Seelsorgebeflissenen des Zuchthauses eingeredet worden, daß sie nur die Opfer einer Gesellschaft seien, die sie nun auch noch umbringen wollte.

Menschenwürde schließt Verantwortung und Schuldfähigkeit ein. Es wäre ein arges Mißverständnis der Würde eines

Menschen, wenn man sie nur denen zuspräche, die sich – als »würdige Bürger« – stets eines braven Lebens streng nach dem BGB und StGB, die Zehn Gebote eingeschlossen, befleißigten. »Das Gute *und* das Böse kommen von Gott«, sagt schon Jesus Sirach in der Bibel, aber der Mensch ist frei, sich für das eine oder für das andere zu entscheiden. Diese Freiheit macht seine Würde aus. (Auch hier fordert die Logotherapie zum weiteren und Weiter-Denken heraus, denn wer wollte zum Beispiel behaupten, daß »das Gute« immer nur das gesellschaftlich Sanktionierte sei; die Lebensbedingungen und gesellschaftlichen Werte ändern sich bekanntlich schneller als die Gesetzbücher. Wer sich also gegen die Gesetze entscheidet – und das gilt für den Rebellen ebenso wie für den Kriminellen –, trifft eine Gewissensentscheidung und damit eine Sinn-Entscheidung, denn das Gewissen – so Frankl – ist geradezu eine Art Sinn-Organ.)

Der Mensch auf der Suche nach Sinn: die menschliche Primärmotivation

Hinter diesem Leitmotiv der Logotherapie steht ein Menschenbild, das geradezu der Gegenentwurf zu der mechanistischen Konstruktion der Psychoanalyse ist, mit ihrem ES/Ich/Über-Ich-Schema, in dem das Ich, eingezwängt zwischen den Bedürfnissen der Innenwelt, der Triebe, und den Forderungen der Außenwelt, des Über-Ichs, um seine Selbstbehauptung kämpft mit dem Ziel der Homöostase. Dieses Homöostase-Denken hat sich auch noch in die »neue humanistische Weltanschauung« Maslows und damit in die Humanistische Psychologie hinübergerettet, die Maslow »als Gegensatz zu dem analytisch-sezierend-atomistisch-Newtonianischen Verfahren des Behaviorismus und der Freudschen Psychoanalyse« sehen wollte.

Im Gegensatz zu dem angeblichen Streben nach einem ständigen inneren Gleichgewicht (= Homöostase), nach Entspannung (wie es die Adlersche Individualpsychologie ebenso kennt, wie Perls Gestalt-Therapie), weist Frankl auf die Erkenntnisse des Harvard-Psychologen Goldstein hin, nach denen nur das kranke Hirn der Entspannung bedürfe, während das gesunde Hirn auf »produktive Spannung« angelegt sei. Jede Mutter mit einem sich langweilenden Kind und jeder Gefangene in Einzelhaft kann ein Lied davon singen, was mangelnde »produktive Spannung« bedeutet; die äußerste Form des Reizentzugs und des Spannungsmangels ist inzwischen in unseren Wortschatz als »Isolationsfolter« eingegangen. Der »Mensch auf der Suche nach Sinn« wird nicht zuletzt durch diese »produktive Spannung« zur Sinn-Suche motiviert.

Dreidimensionalität Soma – Psyche – Geist

Homöostase-Denken wider »produktive Spannung«, Abkehr vom mechanistischen Getriebensein und Bekenntnis zur selbstverantwortlichen Lebensbewältigung gehen auch in die Franklsche »Dimensionalontologie« ein: Der Mensch als Ganzheit – Physis und Steuerung dieser Physis durch die Psyche, deren physiologische Basis zwar das Zentralnervensystem ist, die jedoch im Hinblick auf das Selbst-Bewußtsein einer anderen Dimension als die Physis angehört. »Das Ganze« dann überwölbt, umgriffen durch die wiederum erweiterte Dimension des Geistigen – als VERANTWORTUNG für diese Steuerung.

Das menschliche Dasein ist charakterisiert nicht durch ein instinkt- oder triebabhängiges Sein-Müssen, wie es die Mechanisten sehen – sondern durch ein Sein-Können und ein Sein-Sollen. Menschliche Existenz ist »entscheidendes« Sein (Jaspers). Der Mensch, so Frankl, ist nicht frei von den Bedingtheiten seiner Existenz, aber er ist frei, sich ihnen gegenüber zu verhalten: to make the best of it. Lateinisch »ex-sistere« heißt »heraustreten« (aus den Gegebenheiten des Da- und So-Seins), sein So-Sein als Möglichkeit, also fakultativ, zu betrachten. Während ich mein Psychophysikum so nehmen muß, wie es ist, weist mich mein »Geist«, mein Sinn-Verständnis, darauf hin, daß ich etwas daraus machen kann und soll. Den Menschen als das zu nehmen, was er sein könnte (Pindar: »Werde, der du bist« – eben mit allen in dir angelegten Möglichkeiten, und darin läge auch der »Sinn« aller Pädagogik, dem die nachgeordneten, oftmals verfehlten Zwecke zu dienen hätten), »die Verwirklichung des Möglichen vor dem Hintergrund des Wirklichen« (Frankl) – das bezeichnet das spezifisch Humane.

Oben hatten wir erwähnt, daß man aus dem übersehbaren Ablauf der Evolution durchaus einige Entwicklungskriterien des Lebens herauslesen könne: Ausbreitung des Lebens in alle erreichbaren Räume – auf unserem Globus und jetzt auch darüber hinaus. (Die Einsteinsche Relativitätstheorie, unsere Radioteleskope und Raumsonden haben bereits die Wege gebahnt.) Bezüglich des Bewußtseins heißt dies auch »Eindringen in alle psychisch-geistig erreichbaren Räume«, dem Verstand wie der Verantwortung nach (daher Rückzug aus Sackgassen eingeschlossen!). Drittens: Entwicklung aller in der sogenannten Materie innewohnenden Möglichkeiten, und das zielt unmittelbar auf das Leben und im weiteren auf das menschliche Selbst-Bewußtsein.

Entwicklung aller Potentionalitäten ohne jeden Evolutionsbezug ist aber auch eine Schlußfolgerung aus den psychologischen und existentiellen Erkenntnissen der »Humanistischen Psychologie« (Maslow), die Frankl allerdings so nicht gelten läßt. Den »Potentialisten« setzt er seine – aus der noetischen Dimension des Menschen resultierende – Forderung nach den »gesollten« Potentionalitäten entgegen. Der nicht nur seiner selbst bewußte, sondern auch seiner Verantwortung für sich selbst und »das Leben» bewußte Mensch hat zwar das Recht und die Pflicht, alle in ihm angelegten Möglichkeiten zu entwickeln (und nicht erst darauf zu warten, daß andere kommen und sie aus ihm heraus-wickeln), aber nicht in einer x-beliebigen Weise, sondern im Sinne sozialer Verpflichtung und mitmenschlicher Verantwortung. Er wendet sich damit auch leidenschaftlich gegen das modische Gerede von der

»Selbstverwirklichung« und sagt ganz klar, daß es nicht darum gehe, sich selbst, sondern Werte zu verwirklichen. Die Selbstverwirklichung sei dann die Folge, und man könne sie genausowenig direkt erzielen wie man auch Glück und Erfolg nicht er-zielen, sondern nur er-folgen lassen könne, sofern man zuvor etwas Entsprechendes dafür getan hat.

Wenn mich jemand fragte, was diese Forderung nach Selbstverantwortung begründete, würde ich persönlich antworten, daß dies »der Preis der Freiheit« sei, den wir für die Entlassung aus der Instinktwelt zu zahlen haben. Wir sind nicht mehr Adam und Eva *vor* dem Sündenfall und auch keine Tiere im Zoo, für die die Zoo-Verwaltung zuständig ist. (Adam und Eva wurden auch nicht aus dem Paradies ver-trieben, sondern ihre Neugier, ihr Drang nach »Eindringen in alle erreichbaren Räume« und »Entwicklung aller in ihnen angelegten Möglichkeiten« hat sie hinaus-ge-trieben; die Kalewala, das finnische [»Sinn«-]Gedicht, beschreibt dies in seinem Paradiesmythos sehr »humanistisch«.)

Wenn mich beim Durchdenken der logotherapeutischen und damit der Franklschen Gedankenwelt besonders Problembezüge zur Evolutionstheorie angezogen haben, aber auch zur Pädagogik und damit wiederum zur Entwicklungspsychologie, zur Soziologie, zur Systemtheorie, zur Kommunikationstheorie und nicht zuletzt zur Arbeits- und Motivationspsychologie – denn in allen spielt »Sinn« eine manchmal entscheidende, aber keinesfalls überall durchreflektierte Rolle –, so sind das natürlich ganz subjektive Interessen. Das Faszinierende an der Logotherapie ist ja gerade, daß sie ihre Jünger nicht ausschließlich wie Goldhamster in der Lauftrommel des Therapeutischen rotieren läßt (auch wenn die Mehrzahl gerade dort Wettrennen veranstaltet), sondern für nahezu alle Bereiche des Humanums Herausforderungen anbietet.

»Logotherapeutisch leben« heißt für mich: Welt – Leben – Mensch – Dasein in einer ganz besonderen Weise erleben: in Selbst-Verantwortung und auf die Entwicklung aller »gesollten Potentionalitäten« hin.

Logotherapie ist zuallererst Weltschau und Anleitung zur Selbst-Einsicht, aber dadurch Lebenshilfe und Therapie.

Existenzanalyse und Logotherapie – zwei Seiten einer Medaille

Der Doppelaspekt, von dem Frankl als »Existenzanalyse und Logotherapie« spricht, ist im Grunde genommen Vor- und Rückseite ein und derselben Medaille: EXISTENZANALYSE meint die Analyse des jeweiligen individuellen Lebens auf die Verantwortung hin, die jede Situation von einiger Bedeutung für uns bereithält, und LOGOTHERAPIE ist die Therapie, die auf die Sinn-Verwirklichung in dieser Situation zielt. Der Mensch ist das einzige Wesen, das etwas tun kann, das nicht wieder auf ihn selbst verweist (Frankl): ob das Tier frißt oder sich paart, flüchtet oder angreift – immer geht es um es selber, und zwar als Gattungswesen. Allein der Mensch kann sein Selbst transzendieren, über sich selbst, sein Selbst, hinauswachsen, sich selbst aus den Augen verlieren, sich an eine Aufgabe hin- und damit auch sich selbst aufgeben.

Diese Fähigkeit zur Selbstaufgabe und des Sich-selbst-aus-den-Augen-Verlierens beinhaltet auch ein wesentliches Element der psychischen Gesundheit. Wie die Neurosenlehre zeigt, liegt eine der Wurzeln neurotischen Fehlverhaltens in der permanenten Beobachtung des eigenen Selbst. »Was da der Neurotiker zunächst durch Beobachtung feststellt oder festzustellen glaubt und durch verstärkte Selbstbeobachtung übertreibt, beginnt er nun aus seiner Psychotophobie heraus zu fürchten; und was er dann fürchtet, das beginnt er zu bekämpfen« (Frankl, Die Psychotherapie in der Praxis). Dieses Bekämpfen ist jedoch nur dazu angetan, die tatsächlichen oder vermeintlichen Symptome zu steigern, und so schließt sich sehr bald ein verhängnisvoller circulus vitiosus.

Dasselbe findet nicht nur intropsychisch, sondern ebenso innerhalb solcher Gesellschaften statt, die es sich erlauben können, aufgrund ihrer relativ großen materiellen wie ideologischen Spielräume buchstäblich als »Selbst«-Bedienungsläden mißverstanden zu werden. Überall entstehen Spielwiesen und Kabinette der Selbstbespiegelung, Gruppen und Grüppchen treiben eifrigst Introspektion, und wenn sie dabei nichts zu sehen bekommen, dann halten sie dieses Nichts auch noch für ein Abbild der Welt, die ihnen »nichts« zu bieten hätte.

Frankl hat demgegenüber mehr als einmal gesagt, daß wir nicht fragen sollten, was das Leben und die Welt für uns bereithielten, sondern »der Mensch hätte sich als einen zu verstehen, der gefragt wird, und zwar ist es das Leben selbst, das ihn fragt, und er hat zu antworten, sein Leben zu verantworten«.

Freiheit wozu?

Freiheit heißt für Frankl nicht nur »Freiheit wovon«, sondern vor allem »Freiheit wozu«. Wozu die Freiheit führt, die kein »Wozu« kennt, hat so mancher Aussteiger erfahren, der zwar wußte, wo er aus-, aber nicht, wo er dann wieder ein-steigen sollte. Es gibt nun einmal kein Irgendwo-aus- ohne ein Irgendwo-wiedereinsteigen. Ich erlebe es in meiner Beratungspraxis häufig, daß jemand gar zu gern aus bestimmten Lebensbezügen aussteigen möchte, wenn er nur wüßte, »wie es dann weitergehen soll«. Gemeint ist damit nicht das Geld, sondern die Aufgabe. »Es gibt nur eine einzige Art und Weise, das Leben auszuhalten: immer eine Aufgabe zu erfüllen haben«, hat der große Hirnchirurg Harvey Cushing gesagt (Frankl, Der Mensch auf der Suche nach Sinn). Aber heute ist es leichter, in einem Notfall für jemanden Geld, als für ihn eine Aufgabe zu bekommen. Da unsere Gesellschaft alles professionalisiert und in Kompetenzbereichen (nicht mißzuverstehen als Verantwortungs-, sondern als Privilegienbereiche) zementiert hat, von der Gottesliebe bis zur Nächstenliebe – ist es schlimm bestellt um die »Freiheit wozu«.

Das Therapieren auf den Sinn hin, ist also beileibe kein bloßes Parlieren, und wo mitunter »nichts« ist, ist auch nichts zu verbalisieren. Logotherapie ist oft mehr eingreifende Sozialarbeit, mit Freunden, Ehepartnern, Vorgesetzten, Richtern, Lehrern, Ärzten, Prüfern reden, am Tage und in der Nacht, neue Lebensbeziehungen und Lebensbedingungen vorbereiten,

Arbeitsbereiche und Wohnsituationen verändern helfen, dabei nicht vorausgehen, sondern zur Seite stehen. Entscheidungsfähigkeit trainieren, wo Entscheidungsangst vorherrscht. »Blinde« für *ihre* Möglichkeiten wieder sehend machen. Logotherapie ist zwar klienten-bezogen, aber nicht non-direktiv. Allerdings muß der Klient diese Direktive selbst entwickeln als sein ganz persönliches Sinn-Konzept, denn Sinn kann nicht erfunden und ad personam verordnet, sondern immer nur ge-funden und ad situationem in das eigene Lebenskonzept ein-geordnet werden. Dafür trägt jeder Verantwortung. Das ist »etwas Furchtbares« und »etwas Herrliches« zugleich. »*Furchtbar* ist es: zu wissen, daß ich jeden Augenblick die Verantwortung trage für den nächsten, daß jede Entscheidung ... für alle Ewigkeit ist. Daß ich jeden Augenblick eine Möglichkeit ... verwirkliche oder verwirke...

Doch *herrlich* ist es: zu wissen, daß die Zukunft meine eigene und mit ihr die Zukunft der Dinge, der Menschen um mich irgendwie ... abhängig ist von meiner Entscheidung in jedem Augenblick« (Frankl, Der Wille zum Sinn).

Frankl weiß, was es bedeutet, von der Entscheidung eines Augenblicks die Weichenstellung für die Zukunft abhängig zu machen. Als in Wien im Jahr 1940 das Visum für die Vereinigten Staaten vor ihm liegt, beschließt er dennoch, darauf zu verzichten und in seiner Stellung als leitender Arzt am Rothschild-Hospital zu verbleiben, weil er sich davon Deportationssschutz für seine Eltern verspricht. Die Hoffnung hat getrogen, er hat niemanden retten können, seine Frau nicht und seine Eltern auch nicht. Sein Buch »Ein Psychologe erlebt das Konzentrationslager«, ein Dutzend Jahre nach dem Krieg in Amerika erschienen und seit 1977 auch in der Bundesrepublik auf dem Markt (unter dem Titel »...trotzdem Ja zum Leben sagen«), sollte jeder lesen, der wissen will, wessen der Mensch im Guten wie im Bösen fähig ist. Für Frankl gibt es keine Kollektivschuld, und er hat nie angestanden, in aller Öffentlichkeit und vor großem Publikum sogar einen SS-Mann, den Kommandanten des letzten Lagers, aus dem Frankl dann befreit wurde, wegen dessen Menschlichkeit und Opferbereitschaft zu loben. Für Frankl gibt es nur zwei »Rassen«: die Anständigen und die Unanständigen. Für ihn ist »der Mensch das Wesen, das die Gaskammern erfunden hat, zugleich ist er aber auch das Wesen, das in die Gaskammern gegangen ist, aufrecht und ein Gebet auf den Lippen«.

Am Anfang war der Sinn...

Dieser Satz hat im Zusammenhang dieses Buches vielerlei Bedeutung. Sinnfragen waren es, die den jungen Frankl auf die »Spur« des später von ihm »Logotherapie« genannten Lebens- und Therapiekonzeptes führten. »Sinn« ist aber nicht nur das Grundtheorem der Logotherapie, sondern auch der »Grundbegriff der Soziologie«, wie Luhmann es im Zusammenhang mit der Systemtheorie formuliert hat. Von hier ausgehend eröffnet sich eine Fülle »herausfordernder« Einsichten. Systeme sind auf Sinn hin »konstruiert«. Dabei war *erst* der Sinn da, dann das System: Erst machten die Menschen bestimmte Erfahrungen, zum Beispiel im Zusammenleben miteinander. Dann wurden diese Erfahrungen kodifiziert – mündlich, schriftlich ... in Zehntausenden von Versen zum Nur-Auswendiglernen wie bei den Kelten oder in Stein gehauen wie bei Hammurabi u. a. Auf den verinnerlichten, »in Fleisch und Blut übergegangenen« Überzeugungen, Erfahrungen und Regeln haben sich dann die Systeme aufgebaut, »auf der Basis von Sinn integriert«, um mit Luhmann zu reden. Erst war der Glaube da, dann die »systematisierte« Kirche, erst der erlebte Kodex, dann die Gesetzbücher und der Staat, erst die politischen Ideen, dann die Parteien.

Unsere menschliche Wahrnehmung ist auf unser Überleben als Spezies Mensch eingestellt. Wir hören, sehen, riechen, schmecken, so viel wie wir zum (Über)leben brauchen, und unser Gehirn filtert Überflüssiges heraus. Eine Fülle von biologischen Problemlösungen wird von Lebewesen praktiziert, die über gar keine Organe, zum Beispiel ein Gehirn, verfügen, mit denen sie etwa selbst auf diese Lösungen kommen könnten. Das Bilderbuchbeispiel ist der bekannte Kaisermantel, ein Schmetterling, der seine Eier in zu Tüten gefalteten Blättern ablegt und zur Irreführung der Vögel, die auf diese Eier scharf sind, Nieten-Tüten ohne Eier fabriziert. Es ist nicht anzunehmen, daß sich irgendein genialer Schmetterlings-Ur-Ur-Urgroßvater diesen Trick einstmals »ausgedacht« hat, und mit der Deklaration »Instinkt + Auslese der Zufalls-Bestlösung à la Darwin« ersetzen wir auch nur eine Leerformel durch die andere, denn »Instinkt« als »Gedächtnis der Art« ist auch nur das Etikett auf einer Flasche, von der niemand weiß, was darin ist (siehe hierzu Anmerkungen, S. 205).

Es ist also schon sehr viel »Sinn« im Spiel, auch wenn wir wohl nie sein Woher, Wohin und Warum vollständig identifizieren werden. Nichtsdestoweniger läßt sich sehr wohl sagen: *Am Anfang war der Sinn...* (und nicht à la Faust: »das Wort«, denn ein Wort ohne Sinn wäre bloßes Gestammel – und auch nicht »die Tat«, denn eine Tat ohne Sinn wäre bloßes Getue).

Wenn Frankls »System auf der Basis von Sinn integriert« ist – Torello nennt es das bisher »letzte vollständige System in der Geschichte der Psychotherapie« – dann hat er es tief und fest gegründet, nicht auf einem beliebigen, wenn auch noch so interessanten Theorem, sondern auf einer – vielleicht sogar »der« – Grundbedingtheit des Lebens überhaupt.

*

Die Überlegungen, die zu dem vorliegenden Buch geführt haben, verdanken dem Begründer der Logotherapie wichtige Erkenntnisse und entscheidende Anregungen, was abweichende Auffassungen in diesem oder jenem Detail durchaus einschließt. Es wäre deshalb verfehlt, die Logotherapie, trotz der Identifizierung des Autors mit dieser Form der Psychotherapie für alles hier Gesagte in Anspruch zu nehmen. Um so wichtiger ist die Beachtung der wörtlichen Zitate. Dasselbe gilt im übrigen auch für die übrigen genannten Autoren, zum Beispiel der Systemtheorie u. a.

Anmerkungen und Quellenhinweise

Zum Vorwort: Heisenberg – Aus: »Das Naturbild der heutigen Physik«, Rowohlt, Hamburg 1955

Zu Seite 13: »sterben« – in Anlehnung an Horaz (Oden, III, 2.13) »dulce et decorum est pro patria mori«, eine früher häufigere Inschrift an Kriegerdenkmälern.

Zu Seite 14: Sloterdijk – DER SPIEGEL 27/1988, S. 169

Zu Seite 15: Folge – Frankl »Der Wille zum Sinn«, S. 29

Zu Seite 18: Jaspers nach Frankl »Anthropologische Grundlagen«, S. 312

Zu Seite 19: Denkmodell: Mit dem hier verwendeten Begriff folgen wir nicht Arnold Gehlen (Rowohlt, 1957, S. 77), der unter Hinweis auf den Planungsoptimismus als »moderne Form des Vernunftglaubens« angemerkt hat, daß »der Glaube an die innere Wahrheit von Denkmodellen ... selbst rational nicht mehr begründbar sei, allerdings wie jeder echte Glaube auch kein Bedürfnis nach Begründung« habe.

Wir sehen in Denkmodellen vielmehr komplexe Vorstellungen als Orientierungshilfen, die in einigen Fällen durchaus den Charakter von Theorien annehmen können. Für ihre Validität gilt das von C. F. v. Weizsäcker Gesagte (»Die Einheit der Natur«, S. 195): daß sie so weit wie möglich allgemeingültig (homogen) sein sollen und diejenigen Begriffe, die zu ihrer Darstellung geführt haben, möglichst weitgehend durchreflektiert werden (Reflexionsprinzip).

Zu Seite 30: Heisenberg – siehe Benesch »Der Ursprung des Geistes«, S. 104

Zu Seite 30ff.: Übersinn – siehe Frankl »Anthropologische Grundlagen...«, Seite 307ff.

Zu Seite 32: Übernahme in die Genetik – Riedl »Strategie...«, S. 28

Zu Seite 32: Arten – dazu auch M. Liefländer, Regensburg, in seinem Vortrag »Chemie des Lebens – Leben durch Chemie«, VIII. Kumpfmühlensymposium 1983

Zu Seite 38: Maslow »Motivation und Persönlichkeit«

Zu Seite 40: Denken und Fühlen – »Denken und Fühlen sind nach Niels Bohr zwei zueinander komplementäre Gegebenheiten des menschlichen Geistes, die zusammen den Zustand bestimmen, dessen Analyse die notwendige Voraussetzung für das psychologische Erfassen des Wollens bildet. Schalten wir im extremen Fall den Faktor des Denkens aus und lassen uns lediglich von dem anderen Faktor des reinen Fühlens leiten, also vom spontanen Wollen und der ihm folgenden spontanen Willenshandlung, so sind wir frei. Das andere Extrem, das des reinen Denkens, der gedanklichen Zergliederung unserer Motive, wird, in seiner radikalen Durchführung, jede Willenshandlung hemmen und sie schließlich unterbinden. Im allgemeinen Fall, also im Normalfall, werden aber beide komplementären Faktoren vorhanden sein, und zwar so, daß beide in reziproker Weise aufeinander einwirken, wobei es unmöglich ist, sie voneinander zu trennen.

Die simultane Freiheit und Gebundenheit des menschlichen Willens findet somit ihre Erklärung in der Aufdeckung der komplementären Beziehung von Denken und Fühlen.« (Samburski »Naturerkenntnis...«, zitiert nach Liefländer, s.o.)

Zu Seite 40: Riedl verbindet mit dem »Werden von Denken und Bewußtsein«, die er als »Folge eines Selektionsprozesses« sieht, »der mit dem Gebrauch des Feuers vor 700000 Jahren, vielleicht mit dem unteren Paläolithikum vor ein bis zwei Jahrmillionen begonnen hat«, auch die Übernahme der Verantwortung durch den Menschen – als Ablösung jener Phase der Instinktsteuerung, die wir im Mythos mit dem Paradies verbinden, bevor Adam und Eva vom Baum der Erkenntnis gegessen hatten. (Riedl »Strategie...«, S. 191)

Zu Seite 42: »Das anthropische Prinzip«

Dieser Abschnitt stützt sich im wesentlichen auf Reinhard Breuers Werk »Das anthropische Prinzip«, Meyster Verlag, München 1981.

Breuers Darstellung ist ein typisches Denkmodell, wie es dem zuvor vertretenen Ansatz entspricht. Obwohl alle Daten physikalisch nachweisbar sind, erhebt es nicht den Anspruch, Theorie im engeren wissenschaftlichen Sinne zu sein. Seine logische und systemische

Vernetzung mit anderen Denkmodellen trägt aber mit zu der Plausibilität bei, die ihm zugesprochen werden muß. Der Direktor des Instituts für Astrophysik am Max Planck-Institut für Physik und Astrophysik in München, Professor Rudolf Kippenhahn, hat im Vorwort die Möglichkeit erwähnt, daß auch Welten »denkbar« seien, »bei denen die Naturgesetze gar keine Ähnlichkeit mit den unseren haben... Darauf, was in einer solchen Welt gilt oder nicht, auf diesen uferlosen Ozean möglicher Gedanken haben wir bisher noch keine Zeit verschwendet...« Und abschließend: »Die Gedanken über das anthropische Prinzip hängen mir an wie die Krätze, seitdem ich zum ersten Mal darüber gelesen habe« (in Anlehnung an ein Zitat von Bertolt Brecht).

Wir fragen hier nach dem Menschen in *unserer* Welt. Vor einer »Rückwendung« zu einem anthropozentrischen Weltbild sollten wir keine Angst haben – wir verraten dadurch weder Galilei noch Kopernikus und Kepler. Das anthropische Prinzip ist keine Neuauflage des Vor-Renaissancedenkens, sondern ein Denken auf einer neuen Ebene der »Entwicklungsspirale«, die häufiger einmal bestimmte Ähnlichkeiten mit früheren Phasen aufweist, ohne über bloße Ähnlichkeiten hinauszugehen.

Zu Seite 42: Breuer: »Die Naturgesetze, die Entstehung der Materie, kosmische Expansion und biologische Evolution wirkten offenbar mit so vielfältiger und subtiler Präzision zusammen, daß intelligentes Leben nur durch das Funktionieren der gesamten ›Maschinerie der Natur‹ entstehen konnte.« (S. 17)

»Das Universum und die Natur müssen insgesamt einen ganz bestimmten, eindeutigen Aufbau haben, damit sie mindestens eine intelligente Lebensform hervorbringen können.« (19)

»Wenn man fordert, daß die Natur intelligentes Leben hervorbringen soll, dann sind die Naturgesetze, der Aufbau des Universums, sowie die Struktur des menschlichen Lebens fast eindeutig bestimmt. Dieser Kosmos hat im wesentlichen die Eigenschaften, wie wir sie bisher in der Natur vorgefunden haben. Jedes andere verlangte Universum würde unbelebt bleiben und könnte niemals den Zustand kosmischer ›Selbsterkenntnis‹ erlangen. ›Wenn wir ins Universum hinausblicken‹, sagt Freeman Dyson, ›und erkennen, wieviele Zufälle in Physik und Astronomie zu unserem Wohle zusammengewirkt haben, dann erscheint es fast, als habe das Universum in gewissem Sinne gewußt, daß wir kommen.‹« (S. 23)

»Unsere Existenz erscheint untrennbar verwoben mit unserer

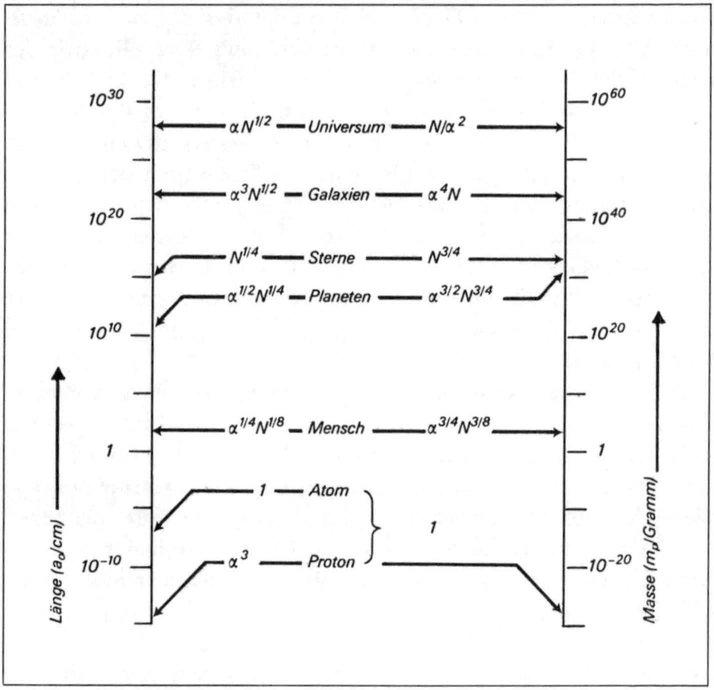

(Aus: R. Breuer, a.a.O.)

Umwelt, der Vielfalt des Lebens, der Form unseres Planeten, dem astronomischen Typ der Sonne, dem Kosmos und den physikalischen Urkräften.« (23)

»Es ist unwahrscheinlich, daß irgendeine Form des Lebens entstehen kann, wenn die Fundamentalkonstanten wesentlich andere Werte haben als diejenigen, die wir in unserem Kosmos vorfinden.« (28)

Zu Seite 47: Mittelwesen – Frankl »Anthropologische Grundlagen…«, S. 126

Mittelwesen – Breuer S. 201: Schema siehe oben.

Zu Seite 48: Im Jahre 1954 hatte der Student Miller in Chicago unter Anleitung seines Professors Urey die vermuteten physikalischen Bedingungen im Urzustand unserer Erde im Labor simuliert und zum Erstaunen der Fachwelt eine ganze Reihe von Aminosäuren erhalten: Bausteine des Lebens.

Zu Seite 49: »Die biologische Evolution«

Bei diesem Teil sind es vor allem die Erkenntnisse Teilhard de Chardins, auf die zu verweisen ist (Pierre Teilhard de Chardin »Die Entstehung des Menschen«, München 1861/1981) – das Leben als »Steigerung der universellen Eigentümlichkeit des Kosmos«, was hier durchaus mit dem anthropischen Prinzip korrespondiert. Leben ist nach Chardin »eine Auswirkung der Komplexität *der Materie*«.

Die Tatsache, daß der Kosmos (und damit die Evolution) auf den Menschen ausgerichtet zu sein scheint, hat auch früher schon Philosophen und Biologen beschäftigt, mit und ohne Bezug auf das Christentum. Auf glaubensmäßig eingefärbte Vokabeln kommt es dabei nicht an, und es sind heute nur noch wenige, die da meinen, Gott habe in der Tat mit Lehm hantiert, als er den Menschen schuf.

Siehe hierzu auch W. Böckmann »Botschaft der Urzeit« (früher ECON, jetzt littera produktion Bielefeld) und die darin zu Edgard Daqué gemachten Aussagen (Edgard Daqué »Das verlorene Paradies«, München 1940, und »Die Urgestalt«, Wiesbaden 1940).

Zum Unendlich-Kleinen und Unendlich-Großen in der Beziehung zum Unendlich-Komplexen macht Chardin darauf aufmerksam, daß der gesamten Materie des Kosmos die Neigung zur zunehmenden Komplexität eigne, so daß sich eine »prävitale« Zone ergäbe, in der noch kein Leben existiere, und eine »vitale«, eine Lebens-Zone. Daher auch die Formulierung, daß die »Biologie nichts anderes sei als die Physik des besonders Komplexen«.

Zu Seite 51 – Cerebralisation: Abbildung siehe Seite 194.

Zu Seite 52:

Hirn und Hand – dazu Walter Böckmann, a. a. O.

Hoimar v. Ditfurth »Der Geist fiel nicht vom Himmel«, Hoffmann und Campe, Hamburg 1976

Werner Haverbeck »Das Ziel der Technik«, Walter Olten 1965 und »Die andere Schöpfung«, Urachhaus Stuttgart 1978.

Eberhard Sievers »Natur als Weg – Thomas von Aquin und Gesundes Leben«, Köttschau, Köln 1966.

Zu Seite 54: Logik der Organe – Logik des Bewußtseins siehe W. Böckmann »Das Sinn-System – Psychotherapie des Erfolgsstrebens und der Mißerfolgsangst«, ECON 1981, jetzt littera produktionen Bielefeld.

Zu Seite 55: Noosphäre – siehe Chardin, a. a. O., S. 86/87

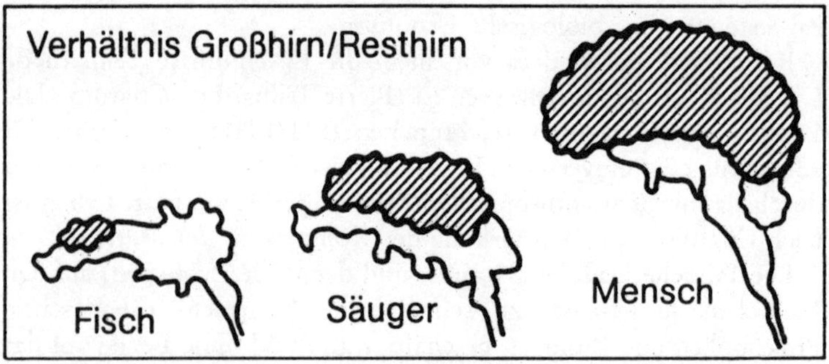

Während bei größeren Lebewesen die Gehirnsubstanz gerade ausreicht, um den Organismus voll zu versorgen und für ein größeres Gehirn wieder ein größerer Organismus erforderlich wäre, bietet das menschliche Gehirn im Verhältnis zum menschlichen Körperbau so viele freie Kapazität, daß diese zur Entwicklung rationaler und geistiger Fähigkeiten genutzt werden kann.

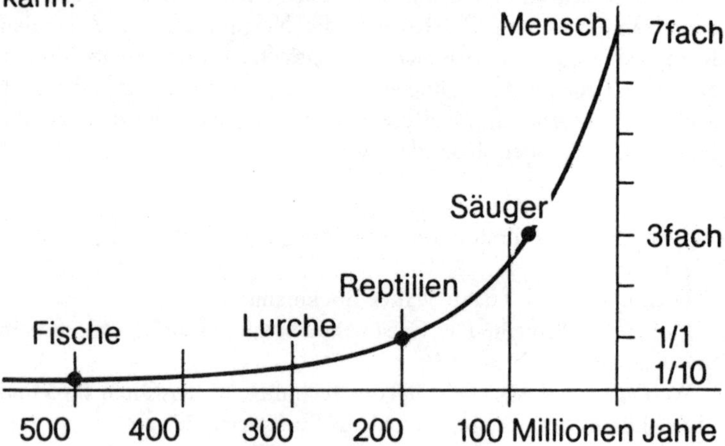

(Aus: Walter Böckmann, »Botschaft der Urzeit – Wurzeln menschlichen Verhaltens in unserer Zeit«, ECON 1979)

Zu Seite 57: »Die psychisch-geistige Evolution«

Hierzu siehe besonders Hellmuth Benesch »Der Ursprung des Geistes«, Deutsche Verlagsanstalt, Stuttgart 1977

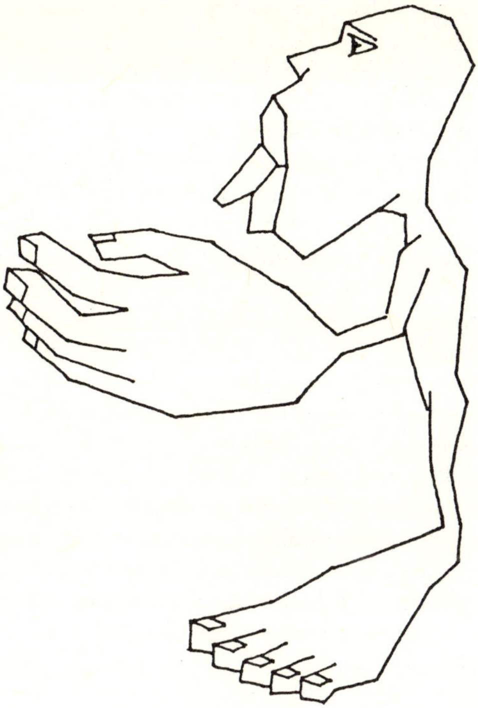

Das bekannte Schema des sogenannten Hirnrinden-Männchens verdeutlicht, in welch unterschiedlichem Umfang bestimmte Teile unseres Körpers Rindenbereiche je nach Steuerungsaufwand in Beschlag nehmen.

(Aus: Walter Böckmann »Botschaft der Urzeit – Wurzeln menschlichen Verhaltens in unserer Zeit«, ECON 1979).

Frederic Vester »Denken, Lernen, Vergessen«, Deutsche Verlagsanstalt, Stuttgart 1975

Hoimar v. Ditfurth »Der Geist fiel nicht vom Himmel«, dtv 1984

R.F. Schmidt (Hrsg.) »Grundriß der Neurophysiologie«, Springer, Heidelberg 1974

Niels Bierbaumer »Physiologische Psychologie«, Springer, Heidelberg 1975

Kurt Haus (Hrsg.) »Medizinische Psychologie im Grundriß«, Hogrefe, Göttingen 1981

Carsten Bresch »Zwischenstufe Leben-Evolution ohne Ziel?«, Fischer, Frankfurt 1979

Aus Bresch zum Ziel der Evolution:

»Ist das Werden der Evolution nur das Produkt des spielenden Zufalls – treibt Evolution wie ein steuerloses Schiff unter wechselnden Winden immer weiter zu irgendeinem Irgendwo, oder vollzieht sich diese Entwicklung, unter einem kosmischen Zwang – geht sie Schritt um Schritt, einem Plane folgend, unausweichlich auf ein zwar in seiner Richtung Erkennbares, aber noch nicht Sichtbares und vielleicht Nie-Erreichbares zu?«

»Ist Evolution zielgerichtet, also ein Prozeß, der in einer bestimmbaren, gleichbleibenden Richtung abläuft, oder ein Hin und Her, ein richtungsloses Geschehen? Diese Frage wird – hoffentlich – überraschen, denn aus aller dargestellten Naturbeobachtung steht eine Erkenntnis unzweifelhaft fest: Evolution ist – zumindest bis heute und zumindest im Erfahrungsbereich aller menschlichen Wissenschaft – ein unaufhörlich beschleunigtes Wachstum von Mustern. Evolution hat also eine erkennbare, stets gleichbleibende Richtung: Sie läuft zu immer weiter vernetzten und komplexeren Zuständen der Materie dieser Welt.« (S. 269)

»Der Begriff ›zielgerichtet‹ verlangt weder eine Detailbeschreibung des Endzustandes noch das Einhalten eines festgelegten Weges. Selbst die Mitwirkung von Zufallsereignissen nimmt einem Vorgang nicht unbedingt die Zielgerichtetheit.» (S. 271)

Der nachfolgende Satz korrespondiert mit dem »anthropischen Prinzip« und versteht *den Menschen* als ›Muster‹ im Zusammenhang einer Weiterentwicklung von Mustern »zu einem kosmischen Netzwerk intellektueller Information«:

»Zielgerichtete Evolution heißt nicht, daß der *Mensch* vorausbestimmt sei, aber daß durch stufenweise Integration die Größe, Wirkungsfähigkeit und Reichweite von Mustern ständig anwüchse, wobei – wie wir wissen – zunächst das replikationsfähige« (Leben), »später das informierbare Muster« (Selbstbewußtsein) »möglich werden und dann die verzweigte Musterfülle eines Planeten zu einem einzigen Exemplar eines Riesenmusters unter Kontrolle intellektueller Information zusammenfließt«. (S. 272)

Zu Seite 58: in den Jahrmilliarden bereits angelegt – Benesch, S. 176

Zu Seite 59: Rhythmus und Fulgurationen – Benesch, S. 137, 236

Zu Seite 59f.: Benesch, S. 168/169

Zu Seite 61f.: Benesch, S. 170ff.

Zu Seite 62: Ausbaufähigkeit – Benesch, S. 176

Neuronen, Verknüpfung – Vester, S. 28, 29, 39

Zu Seite 63: Grundgerüst – Vester, S. 50, Umweltanpassung, S. 38/41

Zu Seite 63: Intelligenz – Vester, S. 49; Lernen – S. 51

Zu Seite 64: Vester nennt nur vier Grundtypen des Lernens, nicht den diskursiven.

Gedächtnis – Vester, S. 67, 72, 73, 80

Zu Seite 66: Blockierung – Vester, S. 86

Zu Seite 67: Technik Naturprinzip – Gehlen, a.a.O., S. 21. Interzellulare Prozesse – Vester, S. 157

Zu Seite 68ff.: Werkzeuggebrauch – Böckmann »Botschaft...«, a.a.O., ferner Haverbeck »Ziel der Technik«, a.a.O.

Zu Seite 70: Fulguration – Konrad Lorenz »Die Rückseite des Spiegels«, Piper, München 1975, S. 48

Zu Seite 72: Magie keine übernatürliche Technik – Gehlen, S. 31

Zu Seite 73ff.: Organentlastung – Organersatz – Gehlen, S. 10

Zu Seite 74f.: Silicium – DER SPIEGEL 7/82, S. 196

Ein System lebt – DIE ZEIT/Universum – Leben – Mensch, Hamburg 1978, S. 16/17

Zu Seite 76: Vester »Neuland des Denkens«, a.a.O., S. 27, 28, 29, 31. Verschiedene Wege – S. 51. Art der Vernetzung – S. 40

Zu Seite 76f.: Systeme und kybernetische Prozesse.

Im Hinblick auf kausale Zusammenhänge bedeutet »System«, daß bestimmte Wirkungen viele Ursachen haben können und die Ursache eines Ereignisses meist eine ganze Konstellation auslösender Momente ist. Aus diesem Grunde kann in einem System ein Ziel meist auf verschiedenen Wegen erreicht werden. Was die vernetzten Muster betrifft, so kommt es dabei weniger auf ihre Anzahl (Dichte) als auf die *Art* der Vernetzung an. Das Kriterium für qualifizierte Vernetzung ist die Strukturierung in Unter-Systeme.

Gegenüber geschlossenen Systemen mit einer inneren Dynamik ohne Energie- und Informationsaustausch nach außen (zum Beispiel Atome) sind offene Systeme evolutionsfähig. (Vester, S. 44 – siehe ferner das Zitat am Ende dieses Textes.)

Gerade aber die Evolution zeigt, daß lebende Systeme im Laufe der

Zeit immer komplexer geworden sind und dabei ihre Funktionen optimiert haben (Breuer, S. 205).

Eines der entscheidenden Mißverständnisse der Humanbiologie, das besonders intensiv von der Psychologie und von der Psychoanalyse aufgegriffen worden ist, stellt die Vorstellung des Menschen als eines homöostatischen Systems dar (Gehlen, a.a.O., S. 21).

Homöostatische Systeme sind selbstregulierende Systeme um eine vorgegebene Stellgröße (zum Beispiel die durchschnittliche Körpertemperatur). Nun verfügt der Mensch zwar über eine Reihe solcher homöostatischer Systeme, als Ganzheit gesehen ist er aber keinesfalls ein solches homöostatisches – und somit negativ rückgekoppeltes – System.

Gerade die zunehmende Komplexität evolutionierender Systeme, zu denen auch der Mensch gehört, zeigt, daß lebende Systeme einen Nichtgleichheitszustand darstellen. Insbesondere das gesunde Gehirn ist keinesfalls auf statische Gleichgestimmtheit aus, sondern vielmehr auf produktive Spannung (siehe hierzu Anmerkung im Anschluß an diesen Text, S. 203).

So bedürfen lebende offene Systeme einer gewissen Energiezufuhr, um die von außen kommenden destruktiven Einflüsse aufzufangen. Ein Atom hingegen als geschlossenes System »beruht energetisch auf dem festen Schwingungsmuster einer sogenannten stehenden Welle« (Vester, S. 44).

System-theoretisch gesehen stellt sich ein Organismus als hierarchischer Verbund ineinander geschachtelter Subsysteme dar (siehe Abschnitt I), die sich zwar auf den verschiedenen Ebenen in ihrer Komplexität unterscheiden, jedoch alle einen ganz bestimmten »Leistungskatalog« erfüllen (Breuer, S. 205):

- Selbststeuerung
- Eigenregulierung des Energiebedarfs
- Schutz gegenüber der Umwelt (auch innerhalb eines Organismus)
- Informationsaustausch zwischen den Subsystemen (von »oben« nach »unten« und von »unten« nach »oben«)

Der Unterschied zwischen den verschiedenen Ebenen des hierarchischen Verbundes liegt einmal in der Größe, vor allem aber in der erweiterten und komplizierteren Strukturierung und damit auch in der Lebensdauer (»manche Organtypen leben länger als die Zellen, aus denen sie bestehen«).

Die Komplexität einer Ebene ist also auch mit abhängig von der Komplexität der Subsysteme, aus denen sie besteht.

Dabei bildet größtmögliche funktionale, nicht unbedingt versorgungsmäßige Selbständigkeit eine wesentliche Voraussetzung für die Leistungsfähigkeit der Subsysteme wie des Ganzen:

Problemlösungen werden nur dann »nach oben« weitergereicht, wenn sie »unten« nicht selbständig vollzogen werden können. Die system-analoge Gliederung des Universums macht deutlich, wie willkürlich übliche Differenzierungen oft sind.

So baut sich das Universum auf einer ineinandergeschachtelten Folge von Systemen auf (Breuer, S. 210):

Atom – Molekül – Kristalle und Organellen – Viren – Zellen – Organe – Organismen – soziale Gruppen – Organisationen – Gesellschaften – Kulturen – Staaten – überstaatliche Organisationen – Ökologische Systeme – Planeten – Sterne – Galaxien – Galaxienhaufen – Kosmos – Universum.

Die Analogien besagen jedoch nicht, daß etwa das Universum ein Super-Lebewesen sei, ebensowenig wie das Atom ein Mini-Lebewesen ist.

Die Kriterien dafür sind das Fehlen jedes wirksamen Kontrollsystems, das die lebenden Systeme kennzeichnet (Breuer, S. 207). Auch fließende Übergänge würden nichtsdestoweniger qualitative Übergänge als Komplexitätsmerkmal einschließen.

Wie schon wiederholt in dieser Übersicht von Denkmodellen zum Ausdruck gekommen, ist es wieder der mittlere Bereich, der bezüglich der Komplexität die höchsten Meßwerte aufweist. Evolution findet also nicht je später um so mehr (wohl aber um so schneller) in der Geschichte des Universums statt, sondern um so mehr, je deutlicher dabei der Mittelbereich dieser »Geschichte« angesprochen wird.

Wie bereits dargestellt, sieht es geradezu so aus, als ob sich das Universum zeitlich und räumlich erst so weit ausdehnen mußte, um diesen Mittelbereich zu realisieren. Dieser ist zugleich die Zone größter (bisheriger) Komplexität und damit auch vielfältigster Systematisierung.

Die Hierarchie lebender Systeme (Breuer, S. 208, 209, 214, 215):

Lebende Systeme funktionieren in dem hier dargestellten Zusammenhang mit Hilfe von jeweils 19 Untersystemen, die sich in allen Lebensbereichen wiederfinden lassen. So finden wir von der Zelle bis zu den überstaatlichen Organisationen zwei Untersysteme, die sowohl Materie/Energie wie auch Informationen verarbeiten:

Das Reprodukionssystem (in der Zelle: die Chromosomen – im Staat: die Legislative) und

das Begrenzungssystem (beim Organismus: die Haut – beim Staat: die bewachte Grenze).

Ferner 8 Untersysteme, die nur Materie/Energie verarbeiten, und zwar

das Aufnahmesystem (im Organismus: der Mund – in einer Wirtschaftsorganisation: der Einkauf)

das Verteilersystem
das Umwandlersystem
das Produktionssystem
das Speichersystem
das Ausscheidersystem
das Kraftübertragungssystem
das Stabilisierungssystem

Ferner 9 Untersysteme, die nur Informationen verarbeiten:

das Trägersystem
das Entschlüsselersystem
das Verknüpfersystem
das Gedächtnisspeichersystem
das Entscheidungssystem
das Verschlüsselungssystem
das Input-Weiterleitungs- und
das Output-Weiterleitungssystem
das interne Weiterleitungssystem

Der kybernetische Aspekt

Der kybernetische Ablauf im System bedeutet »Steuerung und selbsttätige Regelung ineinandergreifender vernetzter Prozesse bei minimalem Energieaufwand« (Vester, S. 53).

»Steuerung« schließt den Sinn von Steuerung und damit Vorgabe der Regelgröße ein.

Der Sinn eines Systems liegt in der Erhaltung des Systems (so wie der Sinn von »Leben« im Überleben in seiner komplexesten Bedeutung liegt). Dies bedeutet: Dienstleistung eines jeden Untersystems für das übergeordnete Ganze in einem hierarchischen Zusammenhang mit zunehmender Komplexität.

Das bedingt jedoch für die einzelnen Subsysteme keine detaillierte Vorprogrammierung oder gar eine zentrale Steuerungsinstanz, sondern basiert lediglich auf gewissen Anregungsimpulsen, um Wechselwirkungen zwischen verschiedenen Größen in Gang zu setzen (Vester, S. 54). Die Stabilisierung der Systeme beruht auf ihrer Anpassungsfähigkeit, ohne daß jene dadurch ihren Systemcharakter verlieren. Dies ist dadurch möglich, daß sie »keine lineare Fortschreibung der Vergangenheit« als Richtschnur haben, sondern eine »an der Zukunft rückgekoppelte Handlungsweise«.

Dem System wird nicht vorgeschrieben, *wie* es etwas machen soll, sondern *was* es tun und auf welche Zielgröße hin es funktionieren soll.

Lebensfähige Systeme können zwar durch gesteigerte Komplexität auch eine gesteigerte Qualität erreichen, sie würden sich aber selbst ausschalten, wollten sie lediglich die Regelgröße – ohne Rückkoppelung an den Sinn des Ganzen – erhöhen. Dies wäre dann eine sogenannte »positive Rückkoppelung«, die zum baldigen Zusammenbruch des Systems führte, während eine sogenannte »negative Rückkoppelung« (mit gegebenenfalls reduzierten Stellgrößen) ein Aufschaukeln verhindert und zu einem möglicherweise unruhigen, aber in gewissen Grenzen ausbalancierten Verhalten führt.

Evolution ist immer komplex-erweiternde Entwicklung, nicht bloßes Wachstum. Weder eine größere Zelle noch eine größere soziale Gemeinschaft wären nur wegen ihrer Größe auf der Stufenleiter der Evolution auch nur einen Schritt weiter, sofern damit nicht eine Verbesserung der Struktur – sprich: des Qualitätsgrades der Vernetzung als Ausbildung von Untersystemen u.a.m. Hand in Hand ginge.

Kybernetische Strategien, die die Wechselwirkungen aller Teile und Teil-Systeme in *allen* Richtungen einbeziehen, sind nicht an der »Vergangenheit« – dem Ausgangspunkt des Denkens –, sondern am Ziel orientiert. Sie lassen sich nicht nur in Denkmodellen, sondern auch in – von diesen abgeleiteten – Rechenmodellen unterbringen und erhöhen somit die Vorhersagefähigkeit des bewußten Denkens um ein Vielfaches. Entsprechend gebaute Analogrechner liefern zwar nicht so viele Details, dafür aber um so richtiger angenäherte Verhaltensweisen.

Dabei hängt die Qualität aller bewußt gestalteten Modelle von ihrer Nähe zur Realität ab. Das schon macht die Begrenztheit aller geschlossenen Systeme aus, die mit nur wenigen Beziehungen zur Außenwelt versehen sind.

Der kybernetischen Strategie geht es nicht um »Prognosen nach dem Kausalitätsprinzip«, sondern um die Ermittlung von »einfachen, qualitativen Regeln und Grundprinzipien und der Bewertung der im Modell erkannten Systemdynamik« (Vester, S. 78). »Je einfacher ein Modell ist, um so mehr stimmt es.«

Ein Denken in geschlossenen mechanischen Systemen mag nützlich sein für ein sofortiges Handeln in einem einfachen Zusammenhang mit begrenzter Problemrelevanz und Reichweite. Für eine übergeordnete Planung und Strategie sind allein offene organische System-Modelle angemessen.

Abschließend 7 Grundregeln für kybernetische Systeme:

1. In verschachtelten Regelkreisen dominiert das Prinzip der Rückkoppelung
2. Funktionstüchtigkeit ist unabhängig von Mengenwachstum
3. Funktionsorientierung anstatt Produktorientierung dient der Aufrechterhaltung des Systems und vermeidet Überproduktion

Die folgenden 4 Punkte
charakterisieren den Wirtschaftlichkeitsaspekt, der alle funktionierenden lebenden Systeme kennzeichnet:

4. Ausnutzung vorhandener – auch Gegen- – Kräfte zur eigenen Zielgewinnung und damit zur Minimierung des Energieaufwandes.
5. Mehrfachnutzung von Energien, Materialien und Methoden.
6. »Kleinräumige Diversität«. Symbiotisches Zusammenspiel unterschiedlicher Teile artfremder Organismen.
7. Kompatibilität aller Teile des Systems.

Selbstregulation ist der Antipode aller Technokratie (Vester, S. 86).

Auch eine »rein technische Kybernetik als Regeltechnik, die ihre Führungsgrößen nicht aus dem System selbst nimmt, sondern von außen auf das System einwirken läßt«, ist nicht identisch mit biokybernetischen Prinzipien.

Letztere stellen im Grunde genommen »eine einzige Regel dar, einen Regelknoten, dessen Bestandteile einander bedingen und verstärken«.

Nur so kann sich das offene System »scheinbar entgegen den Entropiegesetzen« behaupten und unter dem Gesichtspunkt der Evolution als das allein evolutionsfähige erweisen.

Das Denken in kybernetischen Systemen ist die Vorbedingung für die Aufrechterhaltung des Ökonomieprinzips in industriellen Prozessen, für das Verständnis komplizierter sozialer Organisationen und für die Kommunikation bei komplexen Sachverhalten – Kompatibilität der gemeinsamen Denkmodelle vorausgesetzt.

Zu verweisen ist hierzu noch auf Steinbuch/Moser »Philosophie und Kybernetik«, a.a.O., und C.F.v. Weizsäcker »Das philosophische Problem der Kybernetik«, in: »Die Einheit der Natur«, a.a.O.

Zum Problem »offener, lebender Systeme«:
»Jedes System läßt sich durch zwei Komponenten charakterisieren, nämlich durch seine Bausteine (Elemente) und durch die Beziehungen (Wechselwirkung) der Bausteine untereinander. Die einzelnen Teile bilden durch eine bestimmte Ordnung des Zusammengesetztseins ein Ganzes, und damit repräsentiert das System eine organisierte Komplexität, die über Eigenschaften verfügt, die seine Bestandteile nicht besitzen.« (Das Ganze ist mehr als die Summe seiner Teile.) »v. Bertalanffy interpretiert Lebewesen als offene Systeme, da sie zur Aufrechterhaltung ihres hohen Ordnungsgrades nicht nur der Zufuhr von Materie, sondern auch der Zufuhr freier Energie von außen bedürfen. Es geht um ›Erhaltung im Wechsel‹; v. Bertalanffy spricht von Fließgleichgewicht.« (M. Liefländer, in seinem Vortrag »Chemie des Lebens – Leben durch Chemie«, VIII. Kumpfmühler Symposium 1983, Regensburg)

Zur »produktiven Spannung« versus »Homöostase« im menschlichen Bewußtsein:
»Eine veraltete Motivationstheorie klebt noch immer an dem Konzept der sogenannten Homöostase, das der Biologie entlehnt wurde, in der Biologie selbst aber nicht mehr« (überall) »gilt«. Längst hat v. Bertalanffy nachweisen können, daß sich wichtige biologische Phänomene wie Wachstum und Fortpflanzung keineswegs homöostatisch erklären lassen. Kurt Goldstein, der bedeutende Hirnpathologe, konnte sogar zeigen, daß erst das geschädigte Gehirn so sehr darauf aus ist, um jeden Preis Spannungen zu vermeiden« (Frankl/»Anthropologische Grundlagen«, a.a.O., S. 65).

Dazu G.W. Allport (»Becoming, Basic Consideration for a Psychology of Personality«, Yale University Press 1955, nach Frankl, s.o.):

»Motivation wurde für einen Zustand der Gespanntheit gehalten, der uns veranlaßt, Gleichgewicht, Ruhe, Anpassung, Befriedigung oder Homöostase zu suchen. Von diesem Standpunkt ist Persönlichkeit nichts anderes als unsere gewohnheitsmäßigen Weisen der Spannungsherabsetzung. Diese Formulierung geht an einer Darlegung des Wesens eigentlichen Strebens vorbei. Das wesentliche Charakteristikum des letzteren ist dessen *Widerstreben gegenüber dem Gleichgewicht:* Spannung wird aufrechterhalten und nicht herabgesetzt.«

Zu Seite 92: Strategie – Luhmann/»Theorie der Gesellschaft«, a. a. O., S. 12; Ordnungsform – ebd., S. 61.

Zu Seite 94: Am Anfang war der Sinn
»Sinn«, meint Luhmann, »entsteht nicht schon als Abstraktion, sondern erst im Vollzug des aktuellen Bewußtseins.« Mit anderen Worten: Erst dadurch, daß Sinn in uns zur Bewußtheit wird, »entsteht« Sinn. Im vorliegenden Text wird jedoch der Versuch unternommen, gerade das Gegenteil nachzuweisen. Zwar sagt auch Luhmann, daß Bewußtsein »nicht symmetrische Abbildung der wirklichen Welt« ist, sondern »Selektionsleistung«. Und »Bewußtsein reguliert nicht den Input von Daten, sondern deren Selektion« ... aber wer sagt dem Bewußtsein, was es zu selektieren habe? Beim Tier ist die Selektion artspezifisch im Instinkt verankert; beim Menschen müssen wir davon ausgehen, daß dies ebenfalls so ist, soweit es sich einmal um die *automatische* Reizaufnahme handelt und zum anderen um die *gezielt aufmerksame* Wahrnehmung, die von unserem Interesse gesteuert wird bzw. von der Notwendigkeit, jene Reize wahrnehmen zu müssen, die für uns zur Bewältigung allgemeiner wie aktueller Probleme von Bedeutung = sinnvoll sind. Auch diese Fähigkeit ist offensichtlich in unserer Genetik angelegt, wenngleich wir auch die Inhalte dieser Aufmerksamkeit »lernen« müssen.

Bewußtsein *ist* prinzipiell bereits »bewußt sinnvolles« Wahrnehmen, beim Tier im Bereich des »unbenannten Denkens«, im Vorbewußtsein, beim Menschen als selbst bewußtes Registrieren sinnvoll selektierter bzw. mit logischen Bedeutungen versehener (»attribuierter«) Reize. Auf diese Bedeutungszumessung ist unser Bewußtsein geradezu konstruiert, es drängt uns allein schon aufgrund der Vorgänge in unserem limbischen System, zum Beispiel für unklare Erscheinungen eine Bedeutung zu finden oder gar eine Ursache-Wirkungsbeziehung herzustellen (siehe hierzu auch Abschnitt VI). Evolution ist nicht nur, wie Luhmann meint, »in ihrer späteren (menschlichen) Phase sinngesteuert«, sondern sie ist grundsätzlich sinnvoll, und zwar auf jeder Stufe der von ihr erreichten Komplexität. Und nicht erst »in der Evolution erhält die Erfindung von Sinn einen hohen Stellenwert«. Denn Sinn wurde weder *in* noch *von* der Evolution erfunden. Wenn der Evolution nicht a priori Sinn zugrunde läge – und das ist das Thema dieses Buches –, hätte er auch später nicht »erfunden« werden können.

Bewußtsein setzt zwar Sinn – aber Sinn setzt nicht Bewußtsein voraus.
Der Film wird nicht durch den Projektor erzeugt, sondern der Film braucht den Projektor, um projiziert – und damit wahrgenommen – werden zu können. Sinn ist offenbar auch ohne Bewußtsein gegeben. Die Natur verläuft sinnvoll, auch ohne daß alle ihre Hervorbringungen mit Bewußtsein ausgerüstet sind. Zahlreiche Erscheinungen in der Biologie sollten uns aufmerksam werden lassen. Der so oft beschriebene »Kaisermantel«, ein Schmetterling, wickelt zum Beispiel seine Eier in Blätter ein, die er so anbeißt, daß sie sich wie eine Tüte um das abgelegte Ei herumfalten. Die Vögel hätten es nun leicht, jeweils nur nach solchen Blattüten Ausschau zu halten, um sich das mühselige Geschäft der Futtersuche zu erleichtern. Aber so schlau »ist« der Kaisermantel schon lange: Um seine Eier in Sicherheit zu bringen, faltet er pro Eitüte jeweils noch eine ganze Reihe von Leertüten, sozusagen Nietentüten, zusätzlich, in der Hoffnung, daß die Vögel, wenn sie erst einmal eine Reihe von Nieten gezogen haben, dann schließlich die Lust verlieren und Tüten Tüten sein – und die Eier des Kaisermantels in Ruhe lassen.

Nun haben wir hier diesen Vorgang in völlig unangemessener Weise »nach menschlichem Ermessen« dargestellt, denn der Kaisermantel hat nicht einmal ein Gehirn, um auch nur die geringste Überlegung anstellen zu können. Von »Bewußtsein«, das ja ein Gehirn voraussetzt, ganz zu schweigen. Die Evolution zeigt ganz deutlich, daß Sinn-Sicherung auch ohne Sinn-Bewußtsein möglich und sie keineswegs auf den Dienstweg angewiesen ist: Erst Gehirn – dann Bewußtsein, dann Problemlösung. Das Zweckmäßige, die Eiablage, findet ebenso statt wie das Sinnvolle: die Sicherung der Art.

Der Begriff Instinkt, auf den man natürlich sofort zurückgreift, kann uns dabei weder als »Logik der Organe« (Piaget) noch als »Gedächtnis der Art« weiterhelfen. Die Frage ist nicht, »wie und auf welchem Wege gesteuert«, sondern »wozu gesteuert, in welchem Sinn gesteuert«. Es ist der Sinn-Begriff, der uns hier weiterführt, denn der Sinn ist das Primäre und das Bewußtsein das Sekundäre, denn der Sinn hat geradezu das Bewußtsein *erfordert,* wollte die Evolution nicht beim Prinzip von Versuch und Irrtum stehenbleiben.

Frankl geht in dieselbe Richtung, wenn er schreibt: »Der Sinn-Glaube (wir könnten auch sagen, die menschliche Sinn-Bewußtheit, W. B.) ist, im Sinne von Kant, eine *transzendentale Kategorie.* Genauso wie wir, seit Kant, wissen, daß es irgendwie sinnlos ist, über Kategorien wie

Raum und Zeit hinaus zu fragen, einfach darum, weil wir nicht denken und so denn auch nicht fragen können, ohne Raum und Zeit immer schon vorauszusetzen – genauso ist das menschliche Sein immer schon ein Sein auf den Sinn hin, mag es ihn auch noch so wenig kennen: Es ist da so etwas wie ein Vorwissen um den Sinn; und eine Ahnung vom Sinn liegt auch dem in der Logotherapie so genannten ›Willen zum Sinn‹ zugrunde.« (»Das Leiden am sinnlosen Leben«, a.a.O., S. 94)

Zu Seite 95: erwartet – Luhmann, a.a.O., S. 64; Angst – a.a.O., S. 59
Zu Seite 97: Leiden an der Gesellschaft – siehe Dreitzel, a.a.O.
Zu Seite 100: Haeckel »Welträtsel«, Kröner, Leipzig 1899; ein ähnlicher Gedanke findet sich auch bei Friedrich Engels »Der Ursprung der Familie, des Privateigentums und des Staates«, in: Marx/Engels – Ausgewählte Schriften, Dietz Verlag, Berlin 1953
Zu Seite 102: Selbstverwirklichung – Frankl »Anthropologische Grundlagen«, S. 41: »Wie aber steht es um die Selbstverwirklichung – gibt es denn nicht auch so etwas wie Selbsterfüllung?
Selbstverständlich; aber nur in dem Maße, in dem der Mensch Sinn erfüllt und Werte verwirklicht – in dem Maße erfüllt und verwirklicht er auch sich selbst: Selbstverwirklichung stellt sich von selbst ein – als eine Wirkung der Werteverwirklichung und der Sinn-erfüllung, aber nicht als deren Zweck.«

Zu Seite 102: sinn-suchende Pädagogik – siehe Dienelt »Von der Psychoanalyse zur Logotherapie«, a.a.O.
Universalien – Dabei geht es um Orientierungsmerkmale von »universaler« Bedeutung und somit auch Dauer. Der Ausdruck erinnert an den unseligen Universalismusstreit des Mittelalters zwischen Nominalisten und Realisten, der de facto weniger ein Philosophenstreit um »letzte« Erkenntnis als ein Weltanschauungsstreit um die kirchliche Dogmatik und damit auch um die kirchliche Macht gewesen zu sein scheint.

Auch im Zusammenhang unseres Buchthemas halte ich diesen Begriff für unglücklich, der noch zumal auch als »Sinn-Universalie« benutzt wird: »Der Sinn ist nämlich jeweils etwas Einmaliges und Einzigartiges, jeweils erst zu Entdeckendes, während die Werte Sinn-Universalien sind, wie sie nicht einmalig-einzigartigen Situationen, sondern typischen, sich wiederholenden Situationen innewohnen, also die menschliche Kondition auszeichnen. Jedenfalls kann das Leben auch dann sinnvoll bleiben, wenn alle Traditionen und Werte der Welt« oder wie Frankl an anderer Stelle ausführt, jene Werte, die sich in Kulturgeschichte und Gesellschaft bewährt hätten, verloren gingen. Wenn wir jedoch – wie unten (siehe Seite 155 »Vom Wesen des Sinnhaften«) noch weiter auszuführen ist – »das Sinnhafte« in der Beziehung zwischen dem erkennenden Subjekt und der situativen Herausforderung sehen, es also ebensowenig etwas Subjektives wie Objektives – eben *in* der Beziehung Liegendes – ist, dann erscheint eine Formulierung wie »Sinn-Universalien« nicht angebracht. Wenn überhaupt »universell«, dann höchstens als Wert (= Wert-Universalie), aber nicht als Sinn.

Zu Seite 111: »Am Anfang war...« – Goethe, Faust
Zu Seite 113: Fachmann sein – siehe Maslow »Motivation und Persönlichkeit«, a.a.O.

Zu Seite 114: Leistung
»Bewußtsein der Eigenart im Umgang mit Dingen und Menschen und damit Selbstbewußtsein sind dann auch die Wurzeln von Leistung, dem menschlichsten Ausdruck des Selbst, neben der selbst-losen Liebe. In der Leistung wächst der Mensch über sein Selbst / über sich selbst hinaus. Leistung ist nicht der geforderte, erkaufte, erzwungene Output, für den andere den Maßstab festsetzen, sondern ›die Frucht‹ der Selbstüberwindung, der ›Preis‹ für den Sieg über sich selbst, über die eigene Schwäche oder das eigene Unvermögen. Im Ringen um Leistung wird der Mensch seiner selbst am deutlichsten bewußt. Alle seine ›inneren Stimmen‹ melden sich dabei zu Wort, die stimulierenden wie die retardierenden und deprimierenden. Nirgendwo kann ein Mensch sich selbst so gut kennenlernen wie in einer Leistungssituation. Aus diesem Grunde gehen viele auch solchen Situationen aus dem Wege. Sie wollen gar nicht wissen, wie wenig in ihnen steckt, sie ahnen es ohnehin. Leistung ›drückt‹ nicht, im Gegenteil: Was bei der Leistung anstrengt, ist ja gerade das, was sie zur Herausforderung macht: das Sinnhafte. ›Entwicklung aller Potentialitäten‹ (Maslow) – richtiger: aller sittlich-gesollten Möglichkeiten (Frankl) hatten wir die verbindende Klammer aller Sinn-Dimensionen genannt – Persönlichkeitsentwicklung. Den Menschen als Möglichkeit nehmen (Frankl), das Selbst – sich selbst an den Grenzen des Möglichen erfahren – durch Engagement, Anstrengung, Leistung, unter Umständen auch einmal durch Reflektion, aber nicht durch Halluzination. Was fälschlicherweise beim Drogengenuß ›Bewußtseinserweiterung‹ genannt wird, ist die Projektion chaotischer Neuronenschaltungen, die der rationalen Kontrolle entzogen worden sind, ist Einblick in nicht-funktionale

Neuronenfeuerungen und nicht etwa Erweiterung neuronaler Möglichkeiten. Mit Selbsterkenntnis hat das nichts zu tun, im Gegenteil: Alle diese Exzesse (von lateinisch excedere: *herausgehen* aus dem Bewußtsein) haben ja den Zweck, das Ich der Begegnung mit dem Selbst zu entziehen, das Bewußtsein des Selbst zu suspendieren, denn das Selbstbewußtsein ist ein unerbittlicher Richter, der mit seinem Urteil über die Sinnhaftigkeit oder Sinnlosigkeit eines Lebens nicht zurückhält.« (Aus: W. Böckmann, »Logotherapie als Sinn-Theorie«, Management Forum, Wien, Bd. 5, 1985)

Zu Seite 117: Zensur siehe littera publikationen Bielefeld, hrsg. von Walter Böckmann

Band 3 »Jugendgefährdet« – Literatur unterm Fallbeil
Band 4 »Was ist Kunst und wann ist Kunst obszön«
Band 5 »Film-Fernsehen-Striptease – Wahn und Wirklichkeit einer Moral
Band 6 »Die Verfälschung der Erotik in der Literatur«
Band 7 »Die Verführung der Jugend durch Staat, Kirche und Gesellschaft«

Zu Seite 125 ff.: Erziehung und Schule

In diesem Zusammenhang ist an einen Pädagogen, Aloys Fischer, zu erinnern, der bereits vor über einem halben Jahrhundert als Grundgedanken seiner Philosophie dem Glauben an die »Schöpferkraft der Entwicklung« und an die Schöpferkraft eines »Willens zum Wert« Ausdruck verliehen hat. Gerade weil damals der Begriff »Evolution« noch nicht zum täglichen Sprachgebrauch gehörte, sind seine Aussagen von besonderem Gewicht. Darüber hinaus liegt die Übereinstimmung mit Frankl auf der Hand: »Wille zum Sinn« und »Sinn-Erfüllung als Werteverwirklichung« (Frankl) und »Wille zum Wert« (Fischer). Ehe wir letzteren zum Thema Erziehung und Schule zitieren, seien dem ein paar allgemeine Aussagen zu seiner Philosophie vorangestellt:

»In vielen Menschen wird der Wille zum Leben gesteigert zum intensiven Leben, zum Ausnützen aller Gelegenheiten, zum Willen zur Macht. Aber weder der Wille zum Leben rechtfertigt uns – er ist einfach Instinkt – noch der Wille zur Macht. Wozu wir Macht brauchen, ob wir der Macht innerlich selbst gewachsen sind oder nur ihren Schein uns erschleichen, all das entscheidet noch in einer für uns fühlbaren Weise über uns selbst. Der höchst gesteigerte Wille zur Macht ist eine bewunderungswürdige Tatsache, eine Größe in der

Natur. Aber man kann sich vorstellen, daß er durchaus mit einer Verurteilung seiner selbst verbunden ist. Ein unsauberes Gewissen kann hinter diesem Willen zur Macht vergiftend stecken. Nur der Wille zum Wert, scheint mir, kann den Menschen rechtfertigen und ihm zugleich eine einheitliche Zielaufgabe setzen.«

»Daß die Welt Entwicklung ist und daß diese Entwicklung Schöpferkraft besitzt, das möchte ich als den 1. Satz hinstellen; daß die Menschen in diese Entwicklung eingeschaltet sind und bewußte, der Erkenntnis und der Aktion fähige Wesen als 2. Satz; daß wir Menschen aufhören müssen, uns unaufhörlich als Selbstzweck zu empfinden und uns einordnen müssen in den Gang der Entwicklung als ... Mittel zur Verwirklichung von Werten als den 3. Satz; und daß wir dies nur tun können, wenn wir uns durchringen, wenn unser Innenleben nichts ist als Wille zum Wert, der 4. Satz.«

Zur Erziehung: »Mit der Freiheit von jeder fremdzwecklichen Dienstbarkeit und der Zielsetzung des Willens zum Wert hängen die Besonderheiten der Gestaltung des Erziehungsprozesses zusammen. Der Erzieher faßt seine Tätigkeit nicht als Herrschaft über das Kind ... auf. Er fühlt sich lediglich als Vormund ..., der vor der künftigen Selbstbestimmung des jetzt noch Unmündigen Rechenschaft ablegen muß; das Kind und der Schüler fühlen sich nicht als passive Objekte, sondern als Mittäter, ja als die – wenn auch zunächst geleiteten, unterstützten, beratenen – Wirker ihrer Erziehung. Bildung ist nicht einfach Entwicklung, noch weniger Dressur, sie ist zutiefst Selbstgestaltung. Formgebung des personalen Selbst aus seinen eigenen Antrieben und Kräften, unter Benutzung aller Hilfen, die eine vorsichtige Pflege und eine immer mehr zurücktretende Leitung suchendem Leben zu bieten in der Lage und berechtigt sind. Darum ... haben der Nachdruck nicht auf dem Wissen, auf Kenntnissen und Erkenntnissen, Wertkenntnissen und Tatsachenkenntnissen gelegen, sondern auf Können, den Fertigkeiten und Fähigkeiten, auf den Methoden, Erkenntnisse zu gewinnen, auf der Reife der Fragestellung, auf der Weite des Welthorizontes, auf der Kraft, Verantwortung zu tragen und der stillen Gewohnheit, sich fortzubilden.« (Aus: Aloys Fischer, »Leben und Werk«, Bayerischer Schulbuchverlag, München 1971, Band 8, Seite 19, 123–124)

Zu Seite 128: Leistung ermöglichen

Zum »Leistungssport ohne Leistungszwang« äußert sich der ehemalige Olympiakämpfer und jetzige Philosoph Hans Lenk in einer Weise, die auch dem von uns favorisierten Leistungsbegriff entspricht, wenngleich eine genauere Terminologie bezüglich Leistung und Erfolg wünschenswert wäre:

»Leisten können, ohne leisten zu müssen (nach unserer Meinung besser ›Leisten wollen, ohne siegen zu müssen‹ W. B.) – besonders für den Sport als Leistungs- und Hochleistungssport, sollte dieses Wort die Leitidee bilden... Offizielle sollten lernen, daß sie kein moralisches Recht besitzen, Leistungsverpflichtungen dem Athleten gegenüber einzuklagen und ihn scharfer öffentlicher Kritik auszusetzen; pädagogisch ist eine Strafandrohung nicht einmal leistungsfördernd – insbesondere nicht in einem Bereich, wo es um Spitzenleistungen geht, die den vollen persönlichen Einsatz erfordern und die darum nicht erzwungen werden können. Trainer und Betreuer sollten das Leitbild vom ›mündigen Athleten‹ respektieren und das Ihrige dazu beitragen, daß die Sportler lernen, eigenständig und kritisch über Wettkampf und Training nachzudenken, beides möglichst selbständig strategisch mitzugestalten, und daß sie Gelegenheit erhalten, in vernünftigen Gesprächen ihre Stellungnahmen untereinander und mit den Betreuern zu erörtern – im Bewußtsein, daß vernünftige Vorschläge bei den Partnern Berücksichtigung finden.

... Stipendien sollten keineswegs am Bild des unter Druck gesetzten Rekordproduzenten, sondern ebenfalls am Leitbild des mündigen Athleten und seiner menschlichen Situation ausgerichtet sein. Nur so lassen sich nicht nur die gesellschaftlichen Bildungschancen und die ›emanzipatorischen‹ Möglichkeiten, die in sportlicher Leistung und im sportlichen Leistungsstreben ohne Leistungszwang (richtiger: ohne Erfolgszwang, W. B.) wirksam werden können, pädagogisch sinnvoll und human verantwortbar nutzen.« (Aus: Hans Lenk »Sozialpsychologie des Leistungshandelns«, Kohlhammer, Stuttgart 1976)

»Leistung setzt *Freiheit* voraus, innere wie äußere.

Leistung ist *Selbstdarstellung* unter Einsatz aller Fähigkeiten.

Leistung *bedrückt* nicht, sondern *fordert* heraus.

Leistung *mobilisiert die Reserven* des dem Menschen Möglichen und stößt an menschliche Grenzen vor.

Leistungserleben ist »peak experience«: *Gipfelerlebnis.*

Leistungsstreben ist *Wettbewerb mit sich selbst,* nicht nach fremdgesetzten, sondern nach selbstbestimmten Normen und akzeptierten Bedingungen.

Leistung *motiviert* zu neuer Leistung.

Leistung ist sinn-orientiert. (Aus: W. Böckmann »Sinn-orientierte Führung...«, a. a. O.)

Zu Seite 130: Führen wohin du nicht willst – so ein Buchtitel von Gollwitzer

Zu Seite 133: Sinn und Heilen – siehe W. Böckmann »Psychologie des Heilens«, Herder 1982, jetzt littera publikationen, Bielefeld

Zu Seite 139f.: Ganzheit – »Es gibt Wege, auf denen sich der denkende Mensch dem Wahrhaft-Seienden nähern kann. Auf einem dieser Wege befand sich, nach Platon, auch der große Heilkünstler Hippokrates von Kos. Nach ihm beruht jede Krankheit auf einer Störung der Harmonie, die das Ganze des Organismus durchwaltet. Auf dieses Ganze muß sich das geistige Auge des Arztes richten. Wer den menschlichen Körper lediglich als ein Gefüge von Teilchen betrachtet, wer meint, eine Krankheit durch mechanische Veränderungen des einen oder anderen dieser Teile zu beheben, der irrt. Der Beziehungszusammenhang des menschlichen Körpers ist organisiert, insofern er in jedem seiner Teile am Ganzen Anteil hat; alle Einzelheiten sind auf einen Gesamtbauplatz bezogen, von dessen Ganzheit der Arzt eine Vorstellung haben muß, um das Stückwerk mit Erfolg kurieren zu können.« (Aus: M. Liefländer, Regensburg, »Strukturen des Denkens«, VII. Kumpfmühler Symposium 1980)

»Die Ganzheitsmedizin des Paracelsus ist eine Medizin nicht nur wie wir den Begriff heute deuten, den ganzen Menschen, nicht allein seine Organe einzeln betrachtet, sondern eine Medizin, welche aus der Erkenntnis eines viel höheren Ganzen handelt und heilt...

Spuren solchen Ganzheitsdenkens sind auch noch in unserer Zeit nachzuweisen. Wenn Heisenberg die Überzeugung ausspricht, die Natur sei so gemacht, daß sie von uns verstanden werden kann... es sind die gleichen ordnenden Kräfte, die die Natur in allen ihren Formen gebildet hat und die für die Struktur unserer Seele, also auch unseres Denkvermögens verantwortlich sind, oder wenn Bohr gesteht, er habe mehr auf die Intuition, denn auf die Berechnungen gebaut, so ist das Paracelsischen Geistes...« (Aus: Leopold Müller-Salzburg, »Der Teil und das Ganze in Hohenheims Gedankenwelt«, 33. Paracelsustagung Salzburg 1984)

Zu Seite 163, 165: Zahlen bei Tieren – Riedl, »Strategie...«, a.a.O., S. 227

Zu Seite 170: Menschheit – Auf die Menschheit als Verantwortungsbezug hat schon Alfred Adler in seinem 1933 erschienenen Buch »Vom Sinn des Lebens« hingewiesen.

Zu Seite 174: Der kürzeste Weg... – Dieses Zitat ist das Motto des »Reisetagebuch(es) eines Philosophen« von Graf Hermann Keyserling, Reichl, Darmstadt 1920

Literatur

A. Adler: Der Sinn des Lebens, Fischer, Frankfurt 1973
Heilen und Bilden, Fischer, Frankfurt 1973

J.W. Atkinson: Einführung in die Motivationsforschung, Klett, Stuttgart 1975

A.L. Baldwin: Theorien primärer Sozialisationsprozesse, Beltz, Weinheim 1974

G. Bateson: Geist und Natur, Suhrkamp, Frankfurt 1984

E.W. Bauer: Humanbiologie, Cornelsen-Velhagen & Klasing, Berlin 1974

H. Benesch: Der Ursprung des Geistes, DVA, Stuttgart 1977

P.L. Berger/T. Luckmann: Die gesellschaftliche Konstruktion der Wirklichkeit, Fischer, Frankfurt 1980

L.v. Bertalanffy: Robots, man and minds, New York 1967

N. Birbaumer: Physiologische Psychologie, Springer, Berlin 1975

R.R. Blake/J.S. Mouton: Verhaltenspsychologie im Betrieb, Econ, Düsseldorf 1969

W. Böckmann: Botschaft der Urzeit – Wurzeln menschlichen Verhaltens, Econ, Düsseldorf 1974
Sinn-orientierte Leistungsmotivation und Mitarbeiterführung, Enke, Stuttgart 1980
Das Sinn-System, Econ, Düsseldorf 1981
Psychologie des Heilens, Herder, Freiburg 1982
Wer Leistung fordert, muß Sinn bieten, Econ, Düsseldorf 1984
Sinn-orientierte Führung als Kunst der Motivation, vmi, Landsberg/Lech 1987
Vom Sinn zum Gewinn, Gabler, Wiesbaden 1989

C. Bresch: Zwischenstufe Leben, Fischer, Frankfurt 1979

R. Breuer: Das anthropische Prinzip, Meyster, München 1981

T. Brocher: Das Ich und die Anderen in Familie und Gesellschaft, A. Bonz & Co., Stuttgart 1971

Ch. Bühler: Psychologie im Leben unserer Zeit, Knaur 1972
H.A. Carroll: Die Dynamik der Anpassung, Beltz, Weinheim 1972
R. Conradt: Empirische Erkenntnislehre, Akademische Verlagsgesellschaft, Frankfurt 1973
R. Dahrendorf: Homo Sociologicus, Westdeutscher Verlag, Opladen 1974
M. Dammholz: Der ganze Mensch, Manu, Münsing 1985
E. Diamond: Schlafen – wissenschaftlich, Zsolnay, Wien 1964
K. Dienelt: Von der Psychoanalyse zur Logotherapie, Reinhardt, München 1973 (UTB)
Von der Metatheorie der Erziehung zur sinnorientierten Pädagogik, Diesterweg, Frankfurt 1984
H.v. Ditfurth: Der Geist fiel nicht vom Himmel, dtv, München 1980
Wir sind nicht nur von dieser Welt, Hoffmann und Campe, Hamburg 1981
H.P. Dreitzel: Die gesellschaftlichen Leiden und das Leiden an der Gesellschaft, Enke, Stuttgart 1980
C. u. L.v. Ferber: Der kranke Mensch in der Gesellschaft, Rowohlt, Hamburg 1978
A. Fischer: Pädagogik und Philosophie, Bayerischer Schulbuch-Verlag, München 1971
J.D. Frank: Die Heiler, Klett-Cotta, Stuttgart 1981
V.E. Frankl: Der unbewußte Gott, Kösel, München 1985
Die Psychotherapie in der Praxis, Deuticke, Wien 1975
Anthropologische Grundlagen der Psychotherapie, Huber, Bern 1975
Der Wille zum Sinn, Huber, Bern 1982
Ärztliche Seelsorge, Deuticke, Wien 1966
Theorie und Therapie der Neurosen, Reinhardt, München 1975
Der Mensch vor der Frage nach dem Sinn, Piper, München 1979
Der Mensch auf der Suche nach Sinn, Herder, Freiburg 1973
Die Sinnfrage in der Psychotherapie, Piper, München 1981
Logotherapie und Existenzanalyse, Piper, München 1987
… trotzdem Ja zum Leben sagen, Kösel, München 1977
S. Freud: Die Traumdeutung, Fischer, Frankfurt 1961
Anwendungen der Psychoanalyse, Fischer, Frankfurt 1978
A. Gehlen: Die Seele im technischen Zeitalter, Rowohlt, Hamburg 1975
Grahmann/Müller-Beck: Urgeschichte der Menschheit, Kohlhammer, Stuttgart 1952

J. Habermas: Erkenntnis und Interesse, Suhrkamp, Frankfurt 1973
J. Habermas/N. Luhmann: Theorie der Gesellschaft oder Sozialtechnologie, Suhrkamp, Frankfurt 1971
E. Haeckel: Die Welträtsel, Kröner, Leipzig 1899
F. Händle u. a. (Hrsg.): Systemtheorie und Systemtechnik, Nymphenburger, München 1974
B. Hassenstein: Verhaltensbiologie des Kindes, Piper, München 1973
W. G. Haverbeck: Das Ziel der Technik, Walter, Olten 1965
Die andere Schöpfung, Urachhaus, Stuttgart 1978
S. I. Hayakawa: Sprache im Denken und Handeln, Darmstädter Blätter, Darmstadt 1976
W. Heisenberg: Das Naturbild der heutigen Physik, Rowohlt, Hamburg 1955
Der Teil und das Ganze, Piper, München 1981
H.-J. Herber: Motivations-Psychologie, Kohlhammer, Stuttgart 1976
J. Herzog-Dürck: Probleme menschlicher Reifung, Klett, Stuttgart 1969
E. R. Hilgart/G. H. Bower: Theorien des Lernens, Klett, Stuttgart 1970
K. Holzkamp: Sinnliche Erkenntnis – Historischer Ursprung und gesellschaftliche Funktion der Wahrnehmung, Athenäum Fischer, Frankfurt 1973
H. Huebschmann: Krankheit – ein Körperstreik, Herder, Freiburg 1974
W. Jacob: Kranksein u. Krankheit, Hüthig, Heidelberg 1978
E. Jantsch: Die Selbstorganisation des Universums, dtv, München 1982
F. Klix u. a. (Hrsg.): Zur Psychologie des Gedächtnisses, Deutscher Verlag der Wissenschaften, Berlin 1977
F. Kluge: Etymologisches Wörterbuch, de Gruyter, Berlin 1963
A. Krug: Heilkunst und Heilkult, C. H. Beck, München 1984
H. Lenk: Sozialphilosophie des Leistungshandelns, Kohlhammer, Stuttgart 1976
Th. Lidz: Das Menschliche Leben, Suhrkamp, Frankfurt 1974
E. Liek: Das Wunder in der Heilkunde, Lehmanns V., München 1930
P. H. Lindsay/D. A. Norman: Human Information Processing, Academic Press, New York 1972

K. Lorenz: Das sogenannte Böse, Borotha-Schoeler, Wien 1964
Die Rückseite des Spiegels, Piper, München 1975
H. Löwe: Lernpsychologie, Deutscher Verlag der Wissenschaft, Berlin 1975
N. Luhmann: Soziale Systeme – Grundriß einer allgemeinen Theorie, Suhrkamp, Frankfurt 1984
Funktionen und Folgen formaler Organisation, Duncker und Humblot, Berlin 1976
Zweckbegriff und Systemrationalität, Mohr, Tübingen 1968
Vertrauen – Ein Mechanismus der Reduktion sozialer Komplexität, Enke, Stuttgart 1968
Soziologische Aufklärung, Westdeutscher Verlag, Opladen 1971
Liebe als Passion – Zur Codierung von Intimität, Suhrkamp, Frankfurt 1984
M.S. Mahler/F. Pine/A. Bergman: Die psychische Geburt des Menschen, Fischer, Frankfurt 1973
Marx/Engels: Ausgewählte Schriften, Dietz, Berlin 1952
A. Maslow: Psychologie des Seins, Kindler, München 1973
Motivation und Persönlichkeit, Walter, Olten 1977
C.A. Meier: Antike Inkubation und moderne Psychotherapie, Rascher Verlag, Zürich 1949
H. Meier (Hrsg.): Herausforderung der Evolutionsbiologie, Piper, München 1988
J. Monod: Zufall und Notwendigkeit, Piper, München 1971
A.M.K. Müller: Wende der Wahrnehmung, Kaiser, München 1978
W.-D. Narr u.a. (Hrsg.): Neue Beiträge zur Habermas-Luhmann-Diskussion, Suhrkamp, Frankfurt 1974
U. Neisser: Kognitive Psychologie, Klett, Stuttgart 1974
R. Oerter: Psychologie des Denkens, Auer, Donauwörth 1977
Paracelsus: Leben und Lebensweisheit in Selbstzeugnissen, Reclam, Leipzig
J. Piaget: Die Äquilibration der kognitiven Strukturen, Klett, Stuttgart 1976
Biologische Anpassung und Psychologie der Intelligenz, Klett, Stuttgart 1975
Psychologie der Intelligenz, Kindler, München 1976
Erkenntnistheorie der Wissenschaften vom Menschen, Ullstein, Frankfurt 1973
K. Pollak: Die Heilkunde der Antike, Löwit, Wiesbaden 1978
R. Prewo/J. Ritsert/E. Stracke: Systemtheoretische Ansätze in der Soziologie, Rowohlt, Hamburg 1973

R. Riedl: Die Strategie der Genesis, Piper, München 1984
Biologie der Erkenntnis, Paray, Berlin 1980
C.R. Rogers: Therapeut und Klient, Kindler, München 1977
H. Schaefer: Plädoyer für eine neue Medizin, Piper, München 1979
M. Scheler: Die Stellung des Menschen im Kosmos, Nymphenburger, München 1947
K.R. Scherer u.a. (Hrsg.): Psychobiologie, Beltz, Weinheim 1986
H. Schipperges: Der Arzt von morgen, Severin u. Siedler, Heidelberg 1981
R.F. Schmidt (Hrsg.): Grundriß der Neurophysiologie, Springer, Berlin 1974
A. Schütz: Der sinnhafte Aufbau der sozialen Welt, Suhrkamp, Frankfurt 1974
K. Steinbuch u.a. (Hrsg.): Philosophie und Kybernetik, Nymphenburger, München 1970
E. Straus u.a. (Hrsg.): Die Wahnwelten (Endogene Psychosen), Akademische Verlagsgesellschaft, Frankfurt 1963
F. Vester: Denken – Lernen – Vergessen, DVA, Stuttgart 1975
Neuland des Denkens, DVA, Stuttgart 1980
Das Überlebensprogramm, Kindler, München 1972
L. Watson: Der unbewußte Mensch, Umschau, Frankfurt 1979
B. Weiner: Theorien der Motivation, Klett, Stuttgart 1976
F.E. Weinert: Pädagogische Psychologie, Fischer, Frankfurt 1975
C.F.v. Weizsäcker: Die Einheit der Natur, Mohn, Gütersloh
V.v. Weizsäcker: Geist und Psyche – Natur und Geist, Kindler, München 1977
Menschenführung, Vandenhoeck & Ruprecht, Göttingen 1959
N. Wiener: Mensch und Menschmaschine, Athenäum, Frankfurt 1966
L.S. Wygotski: Denken und Sprechen, Fischer, Frankfurt 1979

Personen- und Sachregister

Adler, A. 177, 181, 211
Akkord 115
Allport, G.W. 203
Angst 14, 71, 86, 91, 127, 157, 186
Anspruch 172
Anthropisches Prinzip 43, 45, 58, 168, 190, 193
Aquin, Th. v. 138, 193
Arbeit 111ff., 114, 120f., 128ff., 167
Arzt 144, 177, 179, 211
Asklepios (Äskulap) 139
Aufklärung 14
autopoietisch 163

Begründung 172
Behaviorismus 180
Benesch, H. 189, 194, 196
Benn, G. 82
Bewußtheit 53, 62, 161, 168, 171
- Unbewußtheit 158, 170
- Vorbewußtheit 170
Bewußtsein 14, 33, 44f., 50, 55, 58, 61f., 65, 86f., 92, 94f., 105, 158, 164f., 171, 193, 205
- Inhalte 162
- Vorbewußtsein 37, 60f., 164
Bierbaumer, N. 195
Bingen, H. v. 140
Biologie 32, 49
- Mikrobiologie 70
Biosphäre 50, 55
Böckmann, W. 193ff., 197, 208, 210
Braun, W. v. 82
Bresch, C. 196
Breuer, R. 42f., 47f., 190f., 192, 198f.

Cerebralisierung 51, 53
Chew, G. F. 42
Computer 74
Cushing, H. 185

Dali, S. 82
Daqué, E. 193
Darwin, Ch. 34, 112
Denken (Gedanken) 62, 74, 162, 165f., 167f., 171, 180, 190f., 201
Denkmodell 19, 23, 26, 44f., 47, 49, 55, 57, 63f., 67f., 72, 76, 81, 89, 133, 161, 189f., 201
- Muster 63
Descartes, R. 164
Dienelt, K. 206
Dienstleistung 22ff., 25, 83, 90, 99, 102, 106, 113, 161f., 172
- Wert 120
Dimension 30, 57f., 73, 84, 103, 155, 163
Ditfurth, H. v. 193
Dreitzel, H. P. 97, 206
Dürer, A. 82
Dyson, F. 191

Eigentum 121
Einstein, A. 57, 182
Elite 107
Empfindung 40
Engels, F. 206
Entscheidung 35, 40, 42
Erfolg 183, 210
Ethik 36
Erwartung 172
Evolution 29, 31ff., 34ff., 37f., 40, 42, 45, 49f., 52f., 55f., 68, 72, 75, 81, 83, 85ff., 88f., 101, 103, 107, 155, 159, 163f., 167, 170f., 178, 182, 193, 196, 201, 204f., 208
Existenz 42
- Analyse 184

Figuration 59f., 63
Fischer, A. 208f.
Franconi, G. 145
Frankl, V. E. 15, 29f., 31, 39f., 47, 53, 59, 83, 97, 100f., 107, 114, 122, 139, 142,

145f., 148, 150f., 159, 161, 172, 177ff., 180ff., 184f., 186ff., 192, 203, 205ff.
Freiheit 185
Freud, S. 177
Führung 103, 126f., 128f., 130
Fulguration 38, 50, 70f., 163, 197
Fundamentalkonstanten 42f., 46
Fundamentalkräfte 57
Funktion 18f., 45, 100, 161f., 164

Galilei, G. 191
Ganzheit 18
Gedächtnis 65, 166
Gehirn 44, 47, 50, 52f., 54f., 61ff., 63, 65, 74f., 168, 187, 198, 205
Gehlen, A. 189, 197f.
Geistige, das 58f., 86, 139, 161, 164
Gemeinschaft 55
Gesellschaft 53f., 86, 90, 97, 99, 101f., 105f., 112f., 122, 127, 170, 172, 179, 185
– Vergesellschaftung 36
Gestalt 93f., 166
Gewissen 158, 180, 209
Glaube 29, 31, 37, 90, 174, 187, 189
– Wahrheiten 30
Glück 40, 183
Goethe, J. W. v. 125, 207
Goldstein, K. 181, 203
Gollwitzer, H. 211
Gott 37, 44, 48, 140, 164, 180, 185
Gut und Böse 158, 180

Haeckel, E. 100, 206
Hand und Hirn 73
Harrison 43
Haus, K. 196
Haverbeck, W. 193
Heidegger, M. 165
Heil, das 85, 133f., 136f., 139, 144, 167
Heile, das 134, 138
Heiler, Heilung 137, 139ff., 144, 147, 177
Heilige, das/der 136
Heisenberg, W. 9, 30, 56, 189, 211
Heraklit 82
Hierarchie 166
Homöostase 180f., 203
Humanistische Psychologie 180, 182
Humanum/Humane, das 58, 182

Ich 101, 163, 165, 172
Identität 163, 165, 167
Individuum 33, 53, 60, 63, 86, 156, 162, 171
Innovation 62, 86
Instinkt 17, 33, 37, 54, 183, 190, 205

Jaspers, K. 18, 148, 181

Kalewala 183
Kant, S. 205
Kennedy, J. F. 106
Kepler, J. 191
Keyserling, H. 174, 211
Kippenhahn, R. 191
Kopernikus, N. 191
Kommunikation 54f., 63
Komplexität 17, 32, 42, 47, 49f., 51, 76, 95, 198f.
Kosmos 31, 40, 42, 44, 48f., 192f.
Krankheit 142ff., 145, 148, 211
kreativ 62
Kult 84
Kultur 36, 63, 81ff., 84f., 87f., 102f., 111, 122, 167
Kunst 82, 117ff., 122
Kybernetik 68, 76, 200
– kybernetische Prozesse 197
– kybernetische Strategien 201

Leibniz, G. W. v. 164
Leiden 148ff., 151, 177, 179
Leistung 114f., 128, 162, 207, 209
Leitung 128, 130
Lenk, H. 209
Leonardo da Vinci 82
Lernen 64, 173
– Grundtypen des 64
Liefländer, M. 190, 203, 211
Logopädie 178
Logos 177f.
Logotherapie 29, 145, 177f., 180, 183ff., 187, 206
Lorenz, K. 33, 38, 197
Luhmann, N. 92, 96, 161, 187, 204, 206

Macht, Wille zur 208
Magie 72f., 84, 140
Marx, K. 14, 206

Maslow, A. H. 38, 180, 182, 190, 207
Materie 57f., 133, 182, 191, 193, 196
Materielles 61
Medizin 141, 211
Mehrwert 122
Menschheit 170, 173
Merseburger Zaubersprüche 140
Miller/Urey 48, 192
Moser, S. 203
Motivation 117, 159, 203
Müller-Salzburg, L. 211
Muster 59ff., 62f., 74, 95, 100, 196
- Grundmuster 63
Mutation 50, 75
Mythos 111, 190

Natur 24, 34f., 39, 42, 46, 48, 54, 56, 67ff., 75, 94, 105, 107, 111, 173, 191, 193
Nervensystem 58, 161f., 168
- zentrales 61
Neurose/Neurotiker 142, 146, 184
Nietzsche, F. W. 150
Noosphäre 50, 55

Pädagogik 99, 102f., 125f., 206, 208
Paradiesmythos 36, 183, 190
Perls, F. S. 181
Persönlichkeit 128, 171f., 174
- Entwicklung 37, 39, 106, 120, 125, 127
- Kriterien 174
Piaget, J. 54, 205
Pindar 182
Politik 114
„produktive Spannung" 181, 203
Psychiater 146
Psychische, das 40, 57f., 59f.
Psychoanalyse 180
Psychophysikum 81
Psychotherapeut 146f., 148, 177

Realismus 9
Realität 147
Religion 82, 141, 174
Rhythmus 59f., 63, 197
Riedl, R. 52, 165, 189ff., 211
Risiko 14, 35, 107, 157
Ritus 15
Rolle(n) 95, 97, 113, 135, 172f.
- Konzept 95
- Schema 96

Samburski 190
Scheler, M. 151
Schmerz 149, 151
Schmidt, R. F. 195
Schöpfung 37
Schuld 150f.
Schule 125f., 129, 166, 208
Selbst 60, 102, 148, 161, 165, 172
- Bestimmung 116
- Bewußtsein 37, 40, 103, 105, 112, 158, 164, 196
- Erfahrung 141, 173
- Erkenntnis 161ff.
- Transzendenz 102, 114, 151
- Verantwortung 37, 39, 103, 157, 172, 177, 179, 183
- Verwirklichung 40, 102, 183
selbstisch 162
selbst-referentiell 162
Sievers, E. 193
Sloterdijk, P. 14
Soma 58, 61
- Somatische, das 59
Sozialisation 55
Sozialismus 122
Spinoza 164
Steinbuch, K. 64, 202
Straßburg, G. v. 82
Struktur 18f., 36f., 42, 45, 56, 100, 161f., 164
Sucht 147
System 18ff., 23ff., 40, 49, 75f., 81, 84, 88f., 90f., 99, 113, 172, 197, 199f., 203
- homöostatisches 198
- kybernetisches 202
- psychisches 40, 66
- psychisch-geistiges 161ff., 164
- Modelle 133

Tat 111
Technik 39, 53, 56, 67ff., 71f., 75, 81, 84, 86ff., 167
- Biotechnik 69
- Psychotechnik 72
- Gentechnik 74
Teilhard de Chardin 49f., 55, 193

Tendenz(en) 36, 38f., 51, 54, 158, 164, 171, 178
Theologie 178
Tod 14, 158, 179
Torello 188
Trieb 159, 177

Übersinn 30f., 40, 82, 90, 159
Universalie 102f., 206
Universum 43ff., 47, 58, 133, 168, 191, 199
Urknall (Hypothese) 31f., 89

Verantwortung 35f., 87, 104f., 162, 170, 181, 190
Vernetzung 24, 43
Vester F. 76, 195, 197
Vitalisation 55

Wachstum 24
Wahrheit 45, 148, 189
Weizsäcker, C. F. 165, 189, 202
Werkzeug(e) 23f., 68, 70, 74, 111, 112
– Gebrauch 197
Wert(e) 150, 157f., 173f., 178, 183, 206
Wiedergeburt 83
Wirtschaft 114
Wort 111

Zensur 208
Zufriedenheit 40
Zweck 22, 101, 126, 148f., 162, 206